Spielen Bewegen Entspannen

Illustrationen von
Sigrun Pfitzenreuter

Spielen
Bewegen
Entspannen

Sportspiele für die Grundschule

Simone Bönisch
Christel Hertelt
Dietlind Manns-Hoppe
Karlheinz Sowa
Helga Stumpe
Ulrike Wolter

Volk und Wissen Verlag

Veränderte Bewegungserziehung

Um den Bedürfnissen der Kinder nach mehr Bewegung gerecht zu werden, haben in den letzten Jahren viele Grundschullehrer/innen eine Abkehr vom sportartenspezifischen, leistungsorientierten Unterricht hin zu einem vielfältigen Bewegungslernen vollzogen, das wichtige soziale und materiale Erfahrungen ermöglicht. Die Diskussion über diese Entwicklung findet neuerdings vermehrt ihren Niederschlag in veränderten Rahmenplänen der Grundschulen. Als Beispiele seien der Bereich der Gesundheitserziehung, die aktive Pausengestaltung und die tägliche Bewegungszeit genannt. Bewegung erfährt eine zeitliche und räumliche Ausweitung im täglichen Schulleben. Dies erfordert nicht nur Veränderung für den Sportunterricht selbst, sondern es ergibt sich eine andere Rhythmisierung des gesamten Unterrichts. Das heißt, der Ablauf eines Schulvormittages orientiert sich immer weniger an Schulglocke und Fächern, sondern an den Bedürfnissen der Kinder. Somit erhalten Rituale, Spiele, Stille-, Wahrnehmungs- und Entspannungsübungen ihren wichtigen Platz.

Anliegen dieses Buches

Die Intention des Autorenteams ist es, Lehrer/innen und Erzieher/innen mit den vom Autorenteam in der Praxis erprobten Spielen Bausteine für ihren Unterricht an die Hand zu geben. Sie sind als Hilfe gedacht, den neuen Anforderungen gerecht zu werden. Bei der Zusammenstellung der Spiele haben wir bewusst auch altbewährte Spiele, die bei den Kindern sehr beliebt sind, aufgenommen. Diese Spiele finden sich womöglich auch unter ähnlichen oder anderen Namen in anderen Sammlungen wieder. Wir haben die Spiele so aufgeschrieben, wie sie von den Autorinnen und Autoren in der Praxis mit den Kindern gespielt werden. Im Sinne eines ganzheitlichen Unterrichts, der Geist, Körper und Psyche entwickelt, werden vielfältige Beispiele gegeben, die Spielfähigkeit, Bewegungsfreude und soziales Wohlbefinden fördern und als Nebeneffekt das Konzentrations- und Leistungsvermögen der Kinder auch in anderen Lernbereichen verbessern.
Das heißt jedoch nicht, dass die Spiele im Dienste anderer schulischer Tätigkeiten lediglich als Vor- oder Nachbereitung dienen. Spiele brauchen ihren zeitlichen Raum. Sie haben ihren eigenen Charakter, ihren Wert an sich und sind zweckfrei. Dennoch ist die Auswahl der Spiele durch die Lehrerin bzw. den Lehrer von den

Bedürfnissen der Kinder abhängig. Mit den Spielen werden konditionelle, koordinative, intellektuelle und sensorische Fähigkeiten der Kinder geschult bzw. weiterentwickelt, die sich unter folgenden Schlagworten bei jedem Spiel unter »Was wird geschult?« wiederfinden (in alphabetischer Reihenfolge): Ausdauer, Ausdrücken von Empfindungen, Beweglichkeit, Darstellungsfähigkeit, Dehnungsfähigkeit, Einlassen auf Stille, Entspannungsfähigkeit, Erfassen von Melodie und Rhythmus, Fangsicherheit, Geschicklichkeit, Gewandtheit, Körperbewusstsein, Körperspannung, Kooperation, Koordination, Konzentration, Kraft, Kreativität, Materialerfahrung, Reaktionsvermögen, Schnelligkeit, Sozialkompetenz, Timing, Umgang mit dem Atem, Vertrauen, Vorstellungsfähigkeit, auditive Wahrnehmung, räumliche Wahrnehmung, taktile Wahrnehmung, visuelle Wahrnehmung, Wurfgenauigkeit, Wurfkraft.
Diese Sammlung enthält eine große Anzahl von Spielen, bei denen es keine Sieger und Verlierer gibt. Wir haben uns allerdings nicht auf solche Spiele beschränkt, sondern uns bewusst dazu entschieden, wettkampforientierte Spiele in die Sammlung aufzunehmen. Auch solche Spiele bieten Chancen, die Spielfähigkeit der Kinder zu erweitern, denn die Schülerinnen und Schüler lernen, mit oftmals auch negativen Gefühlen und Frustrationen umzugehen. Voraussetzung ist der sensible Umgang des Spielleiters mit den sich eventuell ergebenden Konflikten.
Eindrücke und Gefühle sollten in jedem Fall im Anschluss an das Spiel gemeinsam besprochen werden. Über die Reflexion können die Kinder gemeinsam Kooperation, Fairness und den kreativen Umgang mit den Spielen entwickeln. Durch Neuerprobung und Veränderung können die Bedingungen der Klasse stärker ins Spiel einbezogen werden. So kommt eine Klasse zu einem eigenen Repertoire an Spielen, die vielleicht in einer klasseneigenen Spielekartei gesammelt werden können und die dann zu bestimmten Anlässen wie Geburtstag, Klassenfest, Ausflug verfügbar sind.

Umgang mit den Spielen

Diese Spielesammlung ist ein Fundus, aus dem alle schöpfen können, die mit Kindern in Unterricht und Freizeit Gelegenheit zum Spielen haben. Mit Blick auf die Grundschulen in Berlin und Brandenburg, die bis zur 6. Klasse gehen, haben wir auch Spiele aufgenommen, die sich für Kinder der Klassen 5 und 6 eignen. Um dem kindlichen Bedürfnis nach Bewegungszeiten im Unter-

richt zu entsprechen, wurden viele Spiele ausgesucht, die nicht nur für den Sportunterricht, sondern auch im Klassenraum in allen Fächern zur Auflockerung, Entspannung, Erholung sowie für die aktive Pausengestaltung eingesetzt werden können.
Die Spiele eignen sich aber auch als Bausteine in einer Stundenstruktur, die die Entspannung der Kinder als Ziel hat. Um dies zu erreichen, müssen Übungen in den Mittelpunkt gestellt werden, die über Ausagieren und bewusstes Wahrnehmen einen Spannungsausgleich bewirken.
So ergibt sich eine dreiteilige Stufung bei der Planung der Unterrichtsphasen. In Anlehnung an das Eutonie-Modell (psycho-physische Entspannungsmethode von G. Alexander) hat das Autorenteam eine für die vorgestellten Spiele geeignete Stundenstruktur entwickelt.

A

Ausagieren
Diese Phase dient dem Abbau von körperlichen und psychischen Spannungen. In den verschiedenen Kapiteln des Buches finden sich zahlreiche Lauf-, Fang-, Ball-, Tanz- und Bewegungsspiele, mit deren Hilfe das spontane Bewegungsbedürfnis der Kinder befriedigt werden kann. Alle Spiele, die sich für diese Phase eignen, sind mit **A** gekennzeichnet.

B

Bewusstes Wahrnehmen
In dieser Phase soll die Umstellung vom aktiven, nach außen gerichteten Bewegungshandeln hin zur inneren Sammlung erfolgen. Über die auf sich selbst gerichtete Körperwahrnehmung soll das Kind sich seiner augenblicklichen körperlichen und psychischen Befindlichkeit bewusst werden. Voraussetzung für eine solche Arbeit ist eine ruhige, besinnliche Atmosphäre, in der sich das Kind aufgehoben fühlen kann. Alle Spiele, die sich für diese Phase eignen, sind mit **B** gekennzeichnet.

E

Entspannung
Sind die Kinder nun zur inneren Ruhe gekommen, so kann die Entspannungsphase beginnen. Die Länge dieser Phase muss sich nach den Erfahrungen mit solchen Übungen, dem Alter und der augenblicklichen Reaktion der Kinder richten. Alle Spiele, die sich für diese Phase eignen, sind mit **E** gekennzeichnet.
Für die Entspannungsphase sind ebenso Übungen aus dem autogenen Training, der progressiven Muskelentspannung, der Eutonie

und dem Yoga sowie anderen Entspannungstechniken einsetzbar. Oftmals verfügen Lehrerinnen und Lehrer oder Spielleiter aus eigener Erfahrung über derartige Methoden, die sie nun für die Phase **E** nutzen können. Um den Einstieg in die Arbeit mit Entspannungstechniken zu erleichtern, sind bei der Einleitung zum 4. Kapitel Titel von einschlägigen CDs genannt.

Die Kennzeichnung der Spiele mit den Buchstaben **A** (hauptsächlich in den Kapiteln 1, 2 und 3), **B** (Kapitel 3 und 4), **E** (Kapitel 4) dient als Strukturierungshilfe für den Unterricht. Es ist natürlich nur eine Möglichkeit, die Spiele als Bausteine zu nutzen, die vom Spielleiter situationsgerecht zusammengesetzt werden können.

Es ist nicht immer möglich und auch nicht notwendig, alle drei Phasen durchzuführen (siehe Beispiel für Stundenstrukturen nach dem Dreiphasenmodell), da hierfür viel Zeit (mindestens eine Schulstunde) erforderlich ist.

Wenn die Kinder ausgetobt aus der Pause in die Sporthalle oder Klasse kommen, kann u. U. die Phase des Ausagierens wegfallen und sofort mit einem Spiel oder einer Übung zum bewussten Wahrnehmen **B** begonnen werden. Es obliegt hier dem Feingefühl des Spielleiters, ein den Bedürfnissen der Kinder angemessenes Spiel für die Phasen **A** oder **B** auszuwählen. Nach anstrengenden Unterrichtsstunden wird die Phase des Ausagierens sicher länger dauern. Hier könnte ein ruhiger Ausklang mit einem Spiel aus dem Bereich **B** sinnvoll sein.

Wichtig ist bei der Zusammenstellung der einzelnen Phasen, genau die augenblickliche körperliche und psychische Befindlichkeit der Kinder zu beachten. Der Blick für die Situation der Kinder wächst mit der Erfahrung des Spielleiters.

Es empfiehlt sich, einzelne, ausgewählte Bausteine aus den Bereichen **A** und **B** mit den Kindern auszuprobieren und zu besprechen. Auf diese Art kommen Spielleiter und Kinder zu einem Repertoire an Spielen, das später in eine Stundenstruktur nach dem Dreiphasenmodell eingebaut werden kann.

Im Folgenden zeigen wir anhand von beispielhaften Stundenstrukturen, wie Spiele aus den einzelnen Phasen kombiniert werden können.

Beispiele für Stundenstrukturen nach dem Dreiphasenmodell:
Bei der Zusammenstellung der 5 Beispiele zur Stundenstruktur nach dem Dreiphasenmodell sind wir von folgenden Überlegungen ausgegangen:
In den Beispielen 1 und 2 wurden einmal Tennisbälle (bzw. Schweifbälle) und einmal Bierdeckel als Spielgeräte in den Mittelpunkt gestellt. Weitere Kleingeräte, die sich für einen solchen Stundenaufbau eignen, sind Seilchen, Reifen, Keulen, Stäbe oder Alltagsgegenstände wie z. B. Tücher, Zeitungen, Plastikbecher usw. Dem Erfindungsreichtum ist hier keine Grenze gesetzt. Geräte oder Materialien können durchaus von Phase zu Phase wechseln.
Das Stundenbeispiel 3 steht für die Möglichkeit, Stunden für den Klassenraum zu planen. Viele Schulen haben die Sporthalle nur für 2 Stunden pro Klasse zur Verfügung und unterrichten die dritte Sportstunde im Klassenraum.
In den Beispielen 4 und 5 haben wir Stundenstrukturen ohne Geräte zusammengestellt. Es ist lediglich eine Matte, Decke oder ein Stuhl pro Kind erforderlich. Solche Stunden können also ohne weiteres auch im Freien stattfinden.

	A Ausagieren	**B** Bewusstes Wahrnehmen	**E** Entspannung
1.	Schweifballweitwurf als Partnerspiel *(S. 72)*	Massage mit Tennisbällen *(S. 155)*	Fantasiereise »Fliegen« *(S. 168)*
2.	Flussüberquerung *(S. 112)*	Bierdeckeljongleur *(S. 135)*	Warme Decke *(S. 162)*
3.	Flummilied *(S. 98)*	Hampelmannmemory *(S. 114)*	Entspannen auf dem Stuhl *(S. 152)*
4.	Anton und die Vampire *(S. 24)*	Achterbahnen *(S. 161)*	Progressive Muskelentspannung *(S. 158)*
5.	Bäume wechseln *(S. 16)*	Wir wachen auf *(S. 140)*	Fantasiereise »Sommer am Meer« *(S. 170)*

Anregungen zu Gruppen- oder Mannschaftsbildungen

Zufallsorientierte Einteilungen:

– abzählen: (z. B. 1 – 2 – 1 – 2), Kinder mit derselben Nummer bilden eine Gruppe;
– alle Kinder mit roten oder weißen oder (...) T-Shirts bzw. Hosen sind in einer Gruppe;
– alle Kinder mit blauen/braunen Augen sind in einer Gruppe;
– alle Kinder, die von Januar bis Juni bzw. von Juli bis Dezember geboren sind, bilden eine Gruppe;
– Verteilen von Puzzleteilen von zwei oder mehreren Puzzles;
– Verteilen von farbigen Plättchen, von Spiel- und Nummernkarten (gleiche Farben, Symbole oder Ziffern bilden eine Mannschaft).

Bei manchen Spielen ist es wichtig, dass die Gruppen bzw. Mannschaften gleich stark zusammengesetzt werden. Dann sollten die Einteilungen gelenkt sein. Die Mannschaftswahl durch die Kinder ist leider immer noch verbreitet, bei der zwei oder mehr leistungsstarke Schüler/innen wählen dürfen.

Beispiele für gelenkte Einteilungsverfahren:

Paarweises Sich-Zuordnen nach Selbsteinschätzung:
Die Schüler/innen finden sich zu gleichstarken Paaren zusammen. Ein Partner kommt in die eine, der andere in die gegnerische Mannschaft. Es ist immer wieder erstaunlich, wie genau sich die Kinder selbst einschätzen und ihre Leistungen vergleichen können.

Gruppenweises Sich-Zuordnen nach Selbsteinschätzung:
Die Gruppenersten werden vom Spielleiter ausgesucht. Nach der Reihe werden alle Kinder aufgefordert, sich abwechselnd einer Gruppe zuzuordnen.

Sicher spielen

Die Verwirklichung vielfältiger Bewegungshandlungen und spielerisch-sportlicher Betätigung schließt immer »den negativen Aspekt und damit den Extremfall des Unfalls ein« (Unfallverhütung beim Gerätturnen, S. 17). An dieser Stelle soll auf die wesentlichen Maßnahmen zur Unfallverhütung eingegangen werden.

Sportkleidung

Schülerinnen und Schüler verletzen sich und andere häufig dadurch, dass sie unzweckmäßig gekleidet sind oder Uhren und Schmuck tragen.
Sportkleidung sollte möglichst körpernah anliegen, lange Haare sollten zusammengebunden werden, Uhren, Ringe, Ketten, Armbänder, Ohrschmuck müssen vor dem Sportunterricht abgelegt werden. Auch durch zweckmäßiges Schuhwerk werden Unfallgefahren vermindert. Brillenträger sollten Sportbrillen tragen.
Der Spielleiter sollte zweckentsprechende, vorbildliche Sportkleidung tragen und konsequentes Verhalten bei unsachgemäßer Kleidung der Kinder zeigen.

Maßnahmen der Organisation und damit der äußeren Ordnung

Die Organisation in der Turnhalle als einem überschaubaren, relativ kleinen Bewegungsraum sieht anders aus als zum Beispiel die Organisation auf dem Schulhof.
Entsprechendes ist auch bei der Benutzung der verschiedenen Klein- und Großgeräte gültig.
Die Verwendung eines harten Schlagballes beim Ballweitwurf wird zum Beispiel eine andere Organisation notwendig machen als das Werfen der wesentlich ungefährlicheren Schweifbälle.

Methodisch gesicherte Unterrichtsplanung und -durchführung

1. Die Auswahl der Inhalte oder die Übungsauswahl soll gewissenhaft den alters- und geschlechtsspezifischen Voraussetzungen, dem Erfahrungs- und Leistungsstand sowie den Interessen der Schülerinnen und Schüler angepasst sein.
2. Durch innere Differenzierung soll dem Können der einzelnen Schülerinnen und Schüler entsprochen werden. Dabei müssen der Situation und den Lernzielen entsprechend die Wahl der Geräte, die einzelnen Lernhilfen und eventuell in Frage kommende

Medien bedacht werden. Im Zusammenhang mit methodischen Überlegungen muss noch auf 3 wichtige Aspekte hingewiesen werden:
1. das richtige Aufwärmen
2. die Belastungsdosierung (Über-/Unterforderung)
3. die Ermüdung.

Sicherung der Übungsstätten und Geräte
Die sachgemäße Lagerung aller Geräte im Geräteraum, der richtige Transport, das geordnete Auf-, Um- und Abbauen der Geräte, die Überprüfung der Sicherheit eines Gerätes durch den Spielleiter, bevor die Klasse an diesem Gerät turnt, die vorgeschriebene jährliche Überprüfung der Turnhallen und ihrer Geräte sind unbedingt zu beachtende Verpflichtungen. Freisportanlagen müssen regelmäßig auf Gefahrenquellen überprüft werden:
Sprunganlage: harter Sand, Steine, Holzteile, Glas
Laufbahn: Unebenheiten, Gegenstände
Rasenplatz: zu langes Gras, Steine, Glas, Rutschgefahr bei Nässe.
Im Freien sind auch wetterbedingte Voraussetzungen wie Smog oder Ozonstufen zu beachten.

Anleitung der Kinder zu sicherheitsbewusstem Verhalten
Sicherheit und Unsicherheit im Schulsport hängen auch immer von der Entwicklung des Sicherheitsbewusstseins der Schülerinnen und Schüler ab.
Ein wesentlicher Gesichtspunkt für Sicherheit im Sportunterricht ist die Förderung der Selbstständigkeit der Kinder und ihre Erziehung zu einer mitverantwortlichen Arbeitsweise. Deshalb sollten die Schülerinnen und Schüler lernen, aufeinander Rücksicht zu nehmen, d. h., sich so zu verhalten, »dass kein anderer geschädigt, gefährdet, oder mehr, als nach den Umständen vermeidbar, behindert oder belästigt wird (vgl. § 1 (2) StVO)«. Das bedeutet z. B., »den Bewegungsraum der Mitschüler zu respektieren und angemessene Distanz zu wahren, vereinbarte Absprachen (Regeln) einzuhalten und damit in seinem eigenen Handeln für andere berechenbar zu bleiben.« (Unfallverhütung beim Gerätturnen, S. 105).
Eine Aufgabe mit anderen gemeinsam zu lösen, sich gegenseitig zu helfen und zu unterstützen, die richtige Anwendung der geübten und gekonnten Helfergriffe, all dieses bedeutet soziales Handeln, das zur Sicherheit beim Sporttreiben beiträgt.

Die im Sportunterricht häufig auftretenden Regelprobleme sollten nicht vom Spielleiter allein gelöst werden. »Regellernen darf sich nicht auf ein Übernehmen ... bereits fertiger und vom Lehrer vorgegebener Regelungen beschränken, sondern muss darauf zielen, dass Schüler die Regelungsbedürftigkeit einer Situation erkennen und ein Verständnis für Regeln entwickeln. Das heißt, die Schülerinnen und Schüler müssen den Prozess der Regelfindung, Regelüberprüfung und Regeländerung selbst durchführen bzw. mitvollziehen können, weil sie nur so Regeln als soziale Vereinbarung in ihrem Sinn erfassen können.« (Unfallverhütung beim Gerätturnen, S. 107 – 108)

»Darüber hinaus müssen Situationen geschaffen werden, in denen die Regeleinhaltung nicht durch Kontrolle von außen (Lehrer oder Schiedsrichter) überwacht wird, sondern zunehmend der Selbstkontrolle durch die Handelnden unterliegt.« (A.a.O.)

Erst in diesen Situationen zeigt sich, wie weit das Regelbewusstsein der Kinder entwickelt ist.

Die Anleitung der Schülerinnen und Schüler zu einem sicherheitsbewussten Verhalten ist ein erzieherischer Prozess, der sich über alle Grundschuljahre erstreckt, stetes Bemühen voraussetzt »und immer auf der Grundlage entsprechender Hilfen des Lehrers verwirklicht wird.« (Praxis des Sportunterrichts in der Grundschule, S. 51).

Laufen und Fangen

1. Kapitel

Laufen und Fangen

Laufen

Jede Sportlehrerin, jeder Sportlehrer kennt die Situation, wenn Kinder nach häufig stundenlangem Sitzen im Klassenzimmer in die Turnhalle kommen: Den Raum auf sich einwirken lassen – und dann ungestüm losrennen ...

Das Laufen ist den Kindern ein elementares Bedürfnis. Wie auch beim Werfen und Springen ist die Ausprägung dieser Bewegungsform unmittelbar abhängig vom Ausmaß der Entwicklung der konditionellen und koordinativen Fähigkeiten. Die Ausprägung dieser Fähigkeiten ist bedeutend für die Bewältigung anderer sportlicher Anforderungen. Sie sollen im Unterricht durch viele spielerisch eingekleidete Übungsformen erlernt und erweitert werden. Monotone Laufformen sollten im modernen Sportunterricht keinen Platz mehr haben.

Wir haben unterschiedliche Laufaufgaben als Spiele verpackt dargestellt, um das Laufen für die Schülerinnen und Schüler attraktiv und interssant zu gestalten.

Fangen

Fangspiele sind im Sportunterricht sehr beliebt, denn sie geben den Kindern Gelegenheit zum Ausleben ihres Bewegungsdranges. Der Spielgedanke ist einfach, der Organisationsaufwand für den Spielleiter gering, die Freude der Kinder groß, denn sie toben sich in ihren natürlichsten Bewegungsformen aus.

Fangspiele fördern durch vielseitige Bewegungsformen wie: laufen, hüpfen, werfen usw. die Entwicklung im konditionellen und koordinativen Bereich. Außerdem schaffen sie durch Voraussehen und Erahnen von Spielsituationen, Entwickeln von Spielübersicht und Spielwitz, die spielerische Grundvoraussetzung für die Sportspiele.

Für die Intensität jedes Fangspieles ist es wichtig, dass Gruppenstärke, Spielfeldgröße und Anzahl der Fänger so zueinander im Verhältnis stehen, dass ein offener, ungewisser Spielausgang gewahrt ist, das Spiel also spannend bleibt.

Fangspiele sollten ein Ausscheiden von Kindern vermeiden, da ihnen hierdurch zum Teil oft zu lange Bewegungspausen aufgezwungen werden.

Spielinhalte und Spielbeschreibungen, die sich auf formale Regelbeschreibungen beschränken, werden Kinder nicht motivieren.

Daher hat sich das Autorenteam bemüht, es den Kindern durch möglichst bildreiche und konkrete Beschreibungen zu erleichtern, sich mit den Spielrollen zu identifizieren, um ganz und gar in die Spielwelt einzutauchen.
Vor Beginn der Spielestunde ist ein Aufwärmen mit folgenden Abläufen und Übungen möglich:
– jeweils eine Strecke vorwärts bzw. rückwärts laufen
– vor dem Start Drehungen ausführen
– vor dem Start in die Hocke gehen, dabei mit der linken, rechten oder mit beiden Händen den Boden berühren
– aus der Bauch- oder Rückenlage starten
– aus dem Sitzen starten
– Hindernisse überwinden, die sich auf der Laufstrecke befinden usw.
Bei diesen Übungen zum Aufwärmen sollte der Abstand zwischen den Kindern so gewählt werden, dass sie sich gegenseitig nicht behindern.

Straßenverkehr

A B E

Was wird geschult? Schnelligkeit, Reaktionsvermögen
Klassenstufen: 1 – 6
Ort: Sportplatz, Sporthalle, Schulhof

Spielbeschreibung: Es wird ein viereckiges Spielfeld von ca. 30 x 30 m abgesteckt. Die Kinder werden in 4 Gruppen eingeteilt. Jede Gruppe stellt sich entlang einer der Seitenlinien des Vierecks auf. Ein »Verkehrspolizist«, der Spielleiter, steht in der Mitte des Spielfeldes. Durch Ausstrecken der Arme weist er den Läufern den Weg zum Platzwechsel. Die Kinder laufen in die Richtung, die der »Verkehrspolizist« mit seinen Armen zeigt. Die Mannschaft, die zuerst den Platzwechsel vollzogen hat, ist Sieger.

Variationen:
– Durch schnelles Wechseln der Richtungen der Arme des »Verkehrspolizisten« sind die Spieler gezwungen, besonders schnell zu reagieren.
– Die Mitspieler starten aus unterschiedlichen Ausgangspositionen: Bauchlage, Rückenlage, Drehungen usw.

Bäume wechseln

A B E

Was wird geschult? Schnelligkeit, Reaktionsvermögen
Klassenstufen: 1 – 6
Material: markierte Punkte, z. B. Bäume oder Gymnastikreifen
Ort: Sportplatz, Sporthalle, Schulhof, Wald, Wiese

Spielbeschreibung: Jeder Mitspieler steht an einem Baum (an einem markierten Punkt). Ein Kind hat keinen Baum. Auf den Zuruf des Spielleiters: »Tauscht das Bäumchen!« sucht sich jedes Kind einen anderen Baum. Ein Spieler ist wieder übrig. Er muss beim nächsten Versuch einen Baum für sich finden.

Variationen:
– auch andere Fortbewegungsmöglichkeiten wählen (Hüpfen, Vierfüßlergang, Krebsgang)
– Es stehen jeweils 2 Kinder an einem Baum. Der letzte Spieler scheidet aus, gleichzeitig wird ein »Baum« abgebaut. Die Gruppe der ausgeschiedenen Spieler stellt pantomimisch Bäume dar.

Tipp: Die Mitspielerzahl sollte nicht zu hoch sein, sonst geht die Übersicht leicht verloren.

Geburtstagslauf

A B E

Was wird geschult? Reaktionsvermögen, Schnelligkeit
Klassenstufen: 3 – 6
Ort: Sporthalle, Schulhof

Spielbeschreibung: Die Kinder stehen hinter einer Linie. Der Spielleiter ruft einen Monatsnamen. Die Kinder, deren Geburtstag in diesen Monat fällt, sprinten um die Wette, berühren mit einer Hand eine 15 bis 25 m entfernte Linie und sprinten zurück bis zur Startlinie, die gleichzeitig auch die Ziellinie ist. Wer hat als erster das Ziel erreicht?

Variationen:

– Auch die Ziellinie muss mit der Hand bzw. mit dem Fuß berührt werden.

– Die Läufer sammeln auf ihrer Laufstrecke Geräte ein (Bälle, Keulen, Ringe), die sie über die Ziellinie tragen müssen.

– als Slalom- oder Hindernislauf (Bananenkartons als Hürden aufgestellen)

– Änderung der Ausgangsposition: alle liegen auf dem Bauch, auf dem Rücken usw.

– Kinder mehrerer Geburtsmonate starten gleichzeitig.

Tipp: Vor Spielbeginn sollte der Spielleiter die Geburtstagsmonate abfragen. Falls in einem Monat nur ein Mitspieler Geburtstag hat, 2 oder 3 Monate ansagen. Der Start sollte dann aber erst nach einem Zeichen erfolgen (z. B. Pfiff, los!).

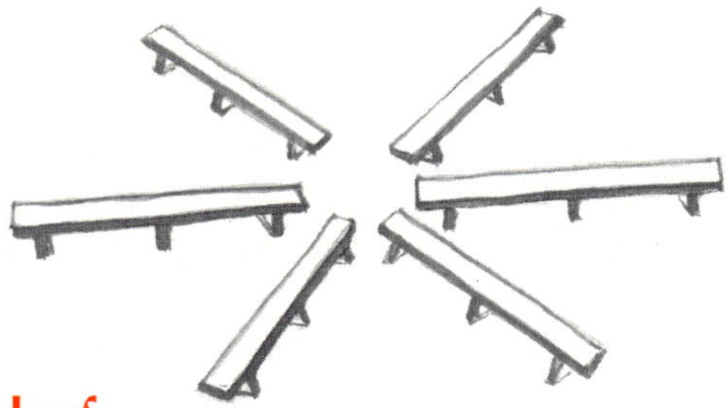

Sternlauf

A B E

Was wird geschult? Reaktionsvermögen, Schnelligkeit
Klassenstufen: 1 – 4
Material: Turnbänke
Ort: Sporthalle

Spielbeschreibung: Mehrere Turnbänke werden sternförmig aufgestellt. Auf jeder Bank sitzt die gleiche Anzahl von Kindern mit Blick in Laufrichtung. Auf ein Zeichen des Spielleiters stehen alle auf, laufen eine Runde um die Bänke herum und sezten sich anschließend wieder auf den gleichen Platz.

Variationen:

– Es kann auch seitwärts geklettert werden.

– Die Kinder bestimmen selbst, welche Bewegungsform ausgeführt werden soll.

– Kinder erledigen bankweise oder einzeln ihre Aufträge. Dazu erhält vor dem Spiel jedes Kind einer Mannschaft eine Nummer. Wird nun z. B. die Nummer 2 aufgerufen, müssen alle Kinder mit dieser Nummer die Runde z. B. im Vierfüßlergang absolvieren. Wer zuerst sitzt, holt für seine Mannschaft einen Punkt.

Ziehharmonikalauf

A B E

Was wird geschult? Ausdauer, Gewandtheit
Klassenstufen: 3 – 6
Material: Seile oder Kreide zur Markierung einer Linie
Ort: Sportplatz, Sporthalle, Schulhof

Spielbeschreibung: Die Kinder stehen an einer Linie nebeneinander. Auf ein Zeichen laufen sie bis zur ersten Linie, die etwa 10 m von der Ausgangslinie entfernt ist. Ein Fuß wird über die Linie geführt und muss den Boden berühren.
Die Kinder rennen wieder zur Ausgangslinie zurück, berühren diese mit dem Fuß und laufen zur zweiten Linie, die etwa 5 – 7 m von der ersten Linie entfernt ist, berühren diese wieder und laufen zur Ausgangslinie zurück.

Variationen:

– Trageelemente beim Laufen mitführen

– Bälle rollen

– Berühren der Linie mit der Hand.

Tipp: Je nach Ausdauer und Bewegungsdrang der Kinder sollten diese eine entsprechende Anzahl von Durchgängen absolvieren. Dieses Spiel ist sehr laufintensiv!

Bergrettungsdienst

Spielbeschreibung: Bei diesem Spiel versuchen die Kinder »Verunglückte« aus den Bergen zu retten. Die Klasse wird in 2 Mannschaften eingeteilt (pro Mannschaft 12 – 14 Kinder). Auf der einen Hallenseite befinden sich die Berge (Kästen – gesichert durch Matten), auf der anderen Seite das Tal mit der Rettungsstation (Matte). In jeder Rettungsstation befinden sich 8 »Retter«. Auf jedem Berg sitzen 4 – 6 »Verunglückte«. Die Entfernung beträgt ca. 10 – 15 m. Auf das Kommando: »Rettet uns!« eilen die »Retter« jeder Mannschaft an den Unglücksort und versuchen die »Verunglückten« zu bergen.
Jeweils 4 Kinder einer Rettungsmannschaft tragen einen »Verunglückten« bis zu ihrer Rettungsstation und setzen ihn dort vorsichtig ab. Dann laufen sie wieder zum Unglücksort zurück, um weitere »Verletzte« zu retten oder den Schwächeren ihrer Mannschaft beim Tragen zu helfen. Welcher Rettungsdienst hat seine »Verunglückten« zuerst geborgen?

Tipps:
– Die Kinder entscheiden selbst über die Rollenverteilung. Nach einem Spieldurchgang können die Rollen getauscht werden.
– Vor Spielbeginn sollten die Kinder das Tragen der »Verunglückten« kurz üben.

A B E

Was wird geschult?
Sozialkompetenz, Kraft, Schnelligkeit
Klassenstufen: 3 – 4
Material: 2 Kästen, Matten
Ort: Sporthalle

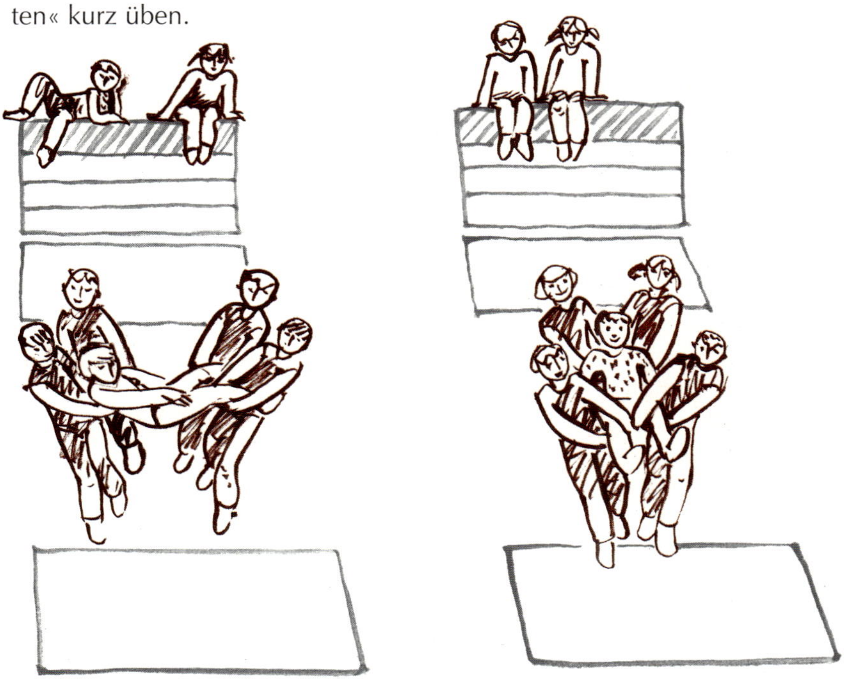

Ebbe und Flut

A B E

Was wird geschult? Schnelligkeit, Reaktionsvermögen, Sozialkompetenz
Klassenstufen: 1 – 4
Material: 4 Kästen, Matten
Ort: Sporthalle

Spielbeschreibung: Die Kinder bilden 4 Mannschaften. In einem Abstand von ca. 2 – 3 m werden 4 Kästen aufgebaut und durch Matten gesichert. An jedem Kasten steht eine Gruppe von 6 – 8 Kindern. Zunächst laufen/gehen/hüpfen alle Kinder um die 4 Kästen herum. Ruft der Spielleiter: »Die Flut kommt!«, muss jede Gruppe versuchen, sich innerhalb einer Minute auf ihren Kasten zu retten. Wie viele Kinder jeder Gruppe schaffen es innerhalb dieser Minute, auf den Kasten zu klettern? Die Kinder unterstützen sich untereinander und halten sich, wenn sie auf dem Kasten sind, gegenseitig fest (für jedes Kind auf dem Kasten bekommt die Gruppe einen Punkt). Nach einer weiteren Minute ruft der Spielleiter: »Ebbe!«, dann klettern alle wieder herunter und das Spiel kann erneut beginnen.

Tipps:

– Das Spiel kann nach jedem Durchgang ausgewertet werden, oder die Punkte werden über mehrere Spielrunden gesammelt.

– Der Kasten kann bei einer Anfangshöhe von ca. 80 cm von Klassenstufe zu Klassenstufe um je 1 Kastenteil erhöht werden.

Autorennen

Spielbeschreibung: An einer Grundlinie (Volleyballfeld) liegen mehrere Kastenteile nebeneinander. Das sind die Autos. In jedem Auto sitzen 2 Kinder. Auf ein Zeichen des Spielleiters stehen die Kinder auf, heben die Kastenteile bis auf Hüfthöhe an und laufen damit zu einem Wendemal und zurück. Welches Team »fährt« am schnellsten und kommt zuerst am Ziel bzw. Ausgangspunkt (z. B. Wendemale = Markierungskegel, Malstangen oder Bälle) an?
Variation: Je 4 Kinder gehören zu einer Mannschaft. An der Ausgangslinie stehen 2 Kinder in einem Kastenteil. Auf der gegenüberliegenden Seite (Entfernung ca. 15 – 20 m) warten 2 weitere Kinder (ohne Auto). Auf ein Zeichen des Spielleiters laufen die Kinder mit dem Kastenteil los, legen es auf der gegenüberliegenden Seite ab und steigen aus. Der zweite Teil der Mannschaft übernimmt das Fahrzeug, steigt ein und läuft zur Ausgangslinie. Welches Team fährt am schnellsten?

A B E

Was wird geschult?
Schnelligkeit, Reaktionsvermögen, Sozialkompetenz
Klassenstufen: 1 – 4
Material: Kastenteile, Wendemale
Ort: Sporthalle

Puzzle-Hürden-Staffel

Spielbeschreibung: Die Klasse wird in gleichgroße Mannschaften eingeteilt. Jede Mannschaft besitzt ein Puzzle, das in Sprintentfernung z. B. in einem Reifen oder Karton liegt. Jüngere Kinder setzen vor dem Sprint das Puzzle einmal zusammen. Jedes Kind holt pro Sprint ein Puzzleteil aus dem Reifen und trägt es zur Mannschaft, die hinter einer Begrenzungslinie steht. Beim Sprint müssen Hindernisse wie Hürden, Kartons, Hütchen, Seile oder kleine Kästen übersprungen werden. Der nächste Läufer erhält durch Handschlag das Zeichen für seinen Einsatz. Die Anzahl der Sprints richtet sich nach der Anzahl der Mannschaftsmitglieder und der Anzahl der Puzzleteile.
Wertungsmöglichkeit: Welche Mannschaft hat zuerst ihr Puzzle zusammengesetzt?
Variationen:
– Das Spiel kann auch ohne Hürden als üblicher Staffellauf gespielt werden.
– Die Sprints werden als Slalomlauf (z. B. um Hütchen herum) gelaufen.
Tipp: Stehen 2 oder mehrere unterschiedliche Puzzles zur Verfügung, tauschen die Mannschaften diese in den folgenden Durchgängen untereinander aus.

A B E

Was wird geschult?
Schnelligkeit, Reaktionvermögen, Sozialkompetenz, Koordination
Klassenstufen: 1 – 6
Material: Reifen oder Kartons, für jede Gruppe ein Puzzle, Hürden (Hütchen, Kartons oder kleine Kästen)
Ort: Sporthalle, Schulhof

Im Anhang: Puzzle »Der gestiefelte Kater« zum Kopieren auf der 3. Umschlagseite

Puzzle-Jagd-Staffel als Rundenstaffel

A B E

Was wird geschult? Schnelligkeit, Reaktionsvermögen, Sozialkompetenz, Koordination
Klassenstufen: 4 – 6
Material: 1 Karton, Malstangen oder Markierungskegel, Umschläge mit Puzzleteilen (ein Puzzle pro Mannschaft)
Ort: Sporthalle, Schulhof

Im Anhang: Puzzle »Der gestiefelte Kater« zum Kopieren auf der 3. Umschlagseite

Spielbeschreibung: Die Kinder setzen sich innerhalb eines durch Malstangen oder Markierungskegel abgegrenzten Vierecks in 2 Reihen auf den Boden. Der Spielleiter überreicht jeder Mannschaft ein Kuvert mit Puzzleteilen, die zunächst zu einem Puzzle zusammengesetzt werden müssen. Anschließend wird das Puzzle wieder zerlegt und zu einer Sammelstelle außerhalb des Rundkurses gebracht.
Die Mannschaften bekommen die Aufgabe, bei jedem Sprint um den Rundkurs nur ein Puzzleteil ihres Motives zu holen und zur Mannschaft zu bringen, wobei der jeweils nächste Läufer durch Handschlag das Zeichen für seinen Sprint erhält. Es ist darauf zu achten, dass ein bereits vorhandenes Puzzleteil vom nächsten Läufer wieder zur Sammelstelle getragen wird, da dieses Teil einer anderen Mannschaft fehlt.
Wertungsmöglichkeit: Welche Mannschaft hat zuerst ihr Puzzle zusammengesetzt?
Tipp: Dieses Spiel wird durch ein Puzzle, das die Klasse vielleicht in einer anderen Unterrichtsstunde gemeinsam selbst hergestellt hat, noch interessanter. Motive für ein solches Puzzle könnten sein: ein Klassenfoto, Selbstporträts der Kinder, Tierbilder, Schulgebäude usw.

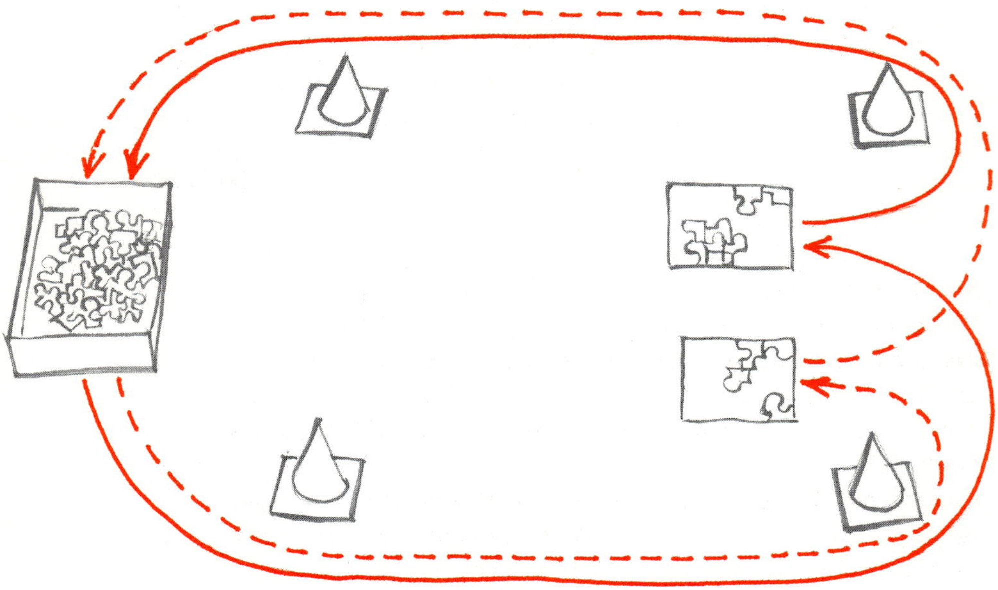

Fangen (Grundformen)

A B E

Was wird geschult?
Schnelligkeit,
Reaktionsvermögen,
Gewandtheit,
räumliche Wahrnehmung
Klassenstufen: 1 – 6
Material: je nach Variation der Grundidee
Ort: Sporthalle, Schulhof, Wiese, Wald

Spielbeschreibung: Es werden ein oder mehrere Fänger bestimmt, die die übrigen Spieler, die Läufer, abschlagen müssen.
Zu dieser einfachen Grundidee gibt es **zahlreiche Variationen:**
Fangen mit Freimal: Durch Berühren bestimmter, vorher ausgemachter Gegenstände oder Materialien (Holz, Metall, Stein) oder Mitspieler, die vorher benannt wurden, ist der Läufer frei und kann nicht abgeschlagen werden. Dabei ist darauf zu achten, dass die Läufer nur kurz am Freimal verharren.
Oder: Durch das Einnehmen bestimmter, vorher ausgemachter Positionen (z. B. sich hinsetzen, in die Hocke gehen, einen Purzelbaum machen, usw.) ist der Läufer frei und kann nicht mehr abgeschlagen werden.

Mannschaftsfangen: Die eine Mannschaft fängt solange, bis alle Spieler der gegnerischen Mannschaft abgeschlagen sind.
Kettenfangen, Fang-Zeck: Die abgeschlagenen Spieler fassen sich an den Händen, so dass eine Fänger-Kette gebildet wird. Die äußeren Fänger dürfen weiter abschlagen, bis nur noch ein Läufer übrig bleibt.
Kreuzfangen: Läuft ein Mitspieler zwischen dem Fänger und dem verfolgten Spieler hindurch, muss der Fänger nun hinter dem kreuzenden Läufer herjagen und versuchen, diesen abzuschlagen.

Anton und die Vampire

A B E

Was wird geschult? Schnelligkeit, Kooperation, Koordination, räumliche Wahrnehmung
Klassenstufen: 1 – 5
Material: 2 Langbänke, Markierungsbänder in zwei Farben, Stoppuhr
Ort: Sporthalle, Schulhof, Wiese

Spielbeschreibung: Vor Beginn des Spiels werden die Langbänke in einer Spielfeldecke als Gruft aufgestellt. Es werden 3 – 5 feste Fänger (Geiermeier und Gehilfen) und ein Gruftwächter (Schnuppermaul) bestimmt. Die Fänger und der Gruftwächter erhalten Markierungsbänder in jeweils verschiedenen Farben. Alle übrigen Kinder sind Vampire und gehören zur Familie Schlotterstein. Schlag Mitternacht streifen sie über den Friedhof. Als einziger Mensch ist auch Anton, der Freund des kleinen Vampirs, mit dabei.

Die Vampire und Anton müssen äußerst vorsichtig sein, denn Friedhofswächter Geiermeier und seine Leute machen Jagd auf sie, nehmen sie gefangen und führen sie in die Gruft. Dort haben die gefangenen Vampire natürlich nichts Eiligeres zu tun als wieder auszubrechen. Aber Schnuppermaul, Geiermeiers Gehilfe, hält Wache vor der Gruft und erschwert somit den Vampiren das Herauskommen. Wird ein Vampir beim Ausbruchversuch von Schnuppermaul abgeschlagen, muss er wieder zurück in die Gruft. Entwischt er jedoch, ist er wieder frei und muss aufs Neue von Geiermeier und Gehilfen eingefangen werden.

Wertungsmöglichkeiten:
– Schaffen es Geiermeier und Gehilfen, alle Vampire zu fangen?
– Wie viele Vampire fangen sie in 2/3/4 Minuten?

Die Stunde, wenn Dracula kommt

A B E

Was wird geschult? Schnelligkeit, Reaktionsvermögen, Kraft, Gewandtheit
Klassenstufen: 1 – 3
Material: Markierungsbänder
Ort: Sporthalle, Schulhof, Wiese

Spielbeschreibung: 3 – 6 Kinder werden als feste Fänger bestimmt. Es ist kurz vor Mitternacht! Dracula und die anderen Vampire sind in wenigen Augenblicken bereit, auf die Jagd zu gehen. Noch liegen sie in der Gruft (Mittelkreis), während die Menschen in der Stadt (um den Mittelkreis) umhergehen und die zwölf Schläge der Turmuhr laut zählen: »1, 2, 3 ...« Schlag 12 springen die Vampire auf und fangen die Menschen. Jeder Gefangene muss eine bestimmte Aufgabe ausführen, um wieder erlöst zu sein; z. B. 10 Kniebeugen, einen Zappelhandstand, eine Brücke machen usw. Danach wird er aufs Neue von den Vampiren gejagt.

Variation: Dracula geht um Mitternacht allein auf Menschenjagd. Jeder Gefangene wird von Dracula zur Gruft gebracht und dort ebenfalls zum Vampir (Kennzeichnung durch Markierungsbänder). Wie viele Vampire gibt es nach x Minuten?

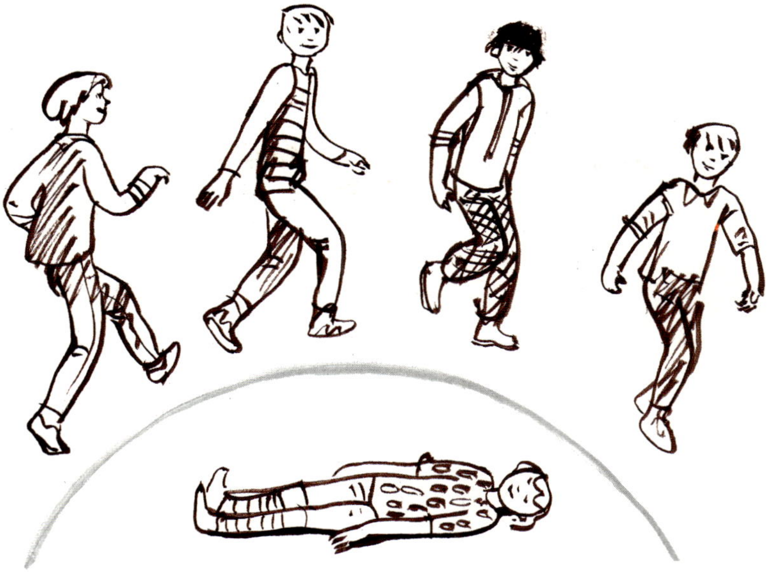

Variation für ältere Spieler: Die Vampire liegen zu Beginn des Spieles auf Langbänken außerhalb des Spielfeldes, die Menschen gehen in der Halle umher. Die Erlösungsmöglichkeiten könnten in der Schwierigkeit gesteigert werden, z. B. 5 Liegestütze, Handstand, Rad usw. machen.

Tipps: Keine »Katzenwache«! Jedes Kind muss nach seiner Selbsterlösung die Möglichkeit haben, vor dem Fänger wegzulaufen. Da die Fängerrolle sehr beliebt ist, ist ein möglichst häufiger Fängerwechsel zu empfehlen.

Klassenstufen: 4 – 6
Material:
Markierungsbänder, Langbänke

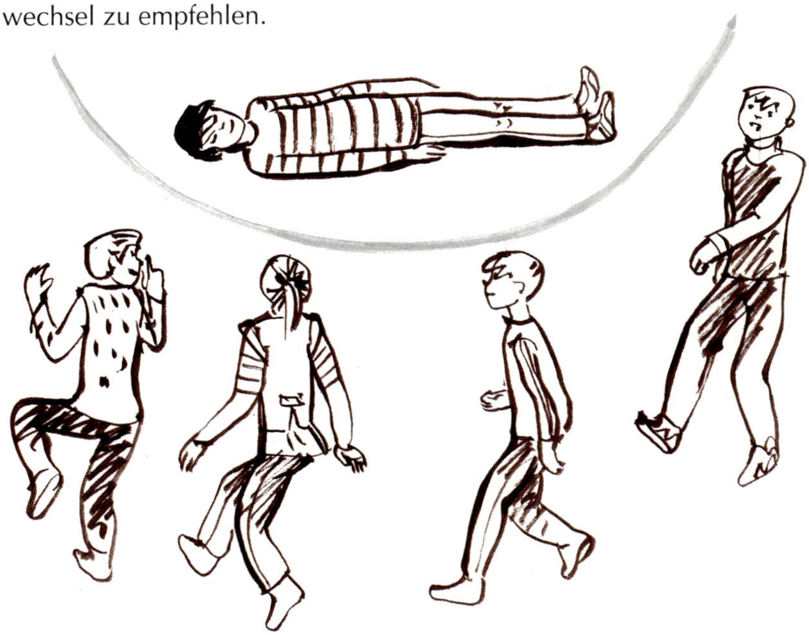

Der kleine Vampir

A B E

Was wird geschult? Schnelligkeit, Reaktionsvermögen, Kooperation, Gewandtheit
Klassenstufen: 1 – 5
Material: 3 kleine Kästen, 2 Langbänke, Markierungsbänder in zwei Farben, Stoppuhr
Ort: Sporthalle, Schulhof, Wiese

Spielbeschreibung: Vor Beginn des Spiels werden 4 – 6 feste Fänger (Geiermeier und Co.) und 3 Erlöser (Anton und die Psychologen) bestimmt. Bei 2 spielenden Klassen haben sich 7 bis 8 Fänger und 5 Erlöser bewährt. Die 3 kleinen Kästen werden als Freimale für Anton und die Psychologen aufgebaut (pro Erlöser ein Kasten). Die Langbänke markieren die Gruft in einer Spielfeldecke. Die Fänger und die Erlöser erhalten Markierungsbänder in je einer Farbe. Alle übrigen Kinder sind Vampire.
Es ist Mitternacht. Friedhofswächter Geiermeier und Co. wollen unbedingt den kleinen Vampir und seine Sippschaft einfangen. Gelingt es ihnen, führen sie die Vampire in die Gruft, wo diese sofort einen Vampirarm herausstrecken, um von Anton, dem Freund des kleinen Vampirs, wieder erlöst zu werden. Da Anton ebenfalls von Geiermeier und Co. geschnappt werden kann, bringt er noch 2 Psychologen mit, die ihm bei der Befreiung helfen. Anton und die Psychologen stehen an einem sicheren Ort am Rande des Friedhofes in der Nähe der Gruft, jeder auf einem klei-

nen Kasten. Anton und die Psychologen dürfen während des Spieles sowohl zu mehreren auf einem Kasten stehen als auch die Kästen beliebig wechseln. Erblicken sie einen Gefangenen in der Gruft, der seinen Arm herausstreckt, laufen sie hin, um ihn zu befreien. Werden sie auf dem Hin- oder Rückweg von einem Friedhofswächter gefangen, erlischt ihr Erlösungsrecht und sie müssen sich gemeinsam mit den Vampiren fangen lassen.
Das Spiel ist beendet, wenn entweder alle Vampire gefangen sind oder wenn Geiermeier und Co. innerhalb einer bestimmten Zeit eine vorgegebene Zahl von Vampiren in die Gruft gebracht haben.

Variationen:

– Es gibt mehr kleine Kästen (Freimale) als Erlöser. Die Erlöser dürfen sich die Kästen beliebig aussuchen.

– Die Kästen sind verschieden nah bzw. weit von der Gruft entfernt. Lauffreudige Schüler können weitere Wege laufen.

– Bei hoher Spieleranzahl wird eine Zusatzgruft eingerichtet.

Tipp: Gefangene Erlöser übergeben ihr Markierungsband dem Spielleiter.

Das Piratspiel

A B E

Was wird geschult?
Ausdauer, Gewandtheit, Geschicklichkeit, Reaktionsvermögen, Kraft, Koordination, räumliche Wahrnehmung, Sozialkompetenz
Klassenstufen: 3 – 6
Material: 8 Taue, 2 große Sprungkästen (1 m oder 1,10 m hoch), 1 kleiner Kasten, 6 Matten, 2 Langbänke, 35 bis 40 Reifen oder Fahrradmäntel, 1 Markierungsband pro Fänger, 1 Stoppuhr
Ort: Sporthalle

Spielbeschreibung: Pro mitspielender Klasse wird ein fester Fänger (Piratenjäger) benötigt. Die übrigen Mitspieler sind die Piraten (Läufer). Vor Beginn des Spiels werden die Geräte folgendermaßen aufgebaut: Unter die ersten beiden und die letzten beiden hängenden Taue wird jeweils ein großer Kasten platziert und von 3 Matten umrahmt (Vorderseite, Rückseite, Innenseite). Unter den mittleren Tauen in gleicher Entfernung zu den großen Kästen steht ein kleiner Kasten. Zwischen kleinem und großen Kästen werden einige Reifen auf den Hallenboden gelegt.
In einer Entfernung von ca. 2 m werden 2 Langbänke vor die großen Kästen gestellt. Eine ungefähr 10 bis 15 m^2 große Fläche vor den Langbänken wird mit Gymnastikreifen oder Fahrradmänteln so ausgelegt, dass die Kinder mühelos von einem zum anderen Reifen springen können.
Die Piraten (Läufer) werden auf ihrem Schiff von einem Piratenjäger verfolgt. Jeder ist natürlich darauf bedacht, nicht ins Wasser zu fallen (z. B. wegen der Haie!). Das bedeutet für das Spiel: Niemand, weder die Piraten noch der Piratenjäger, darf den Boden berühren. Alle Spieler dürfen sich nur von Reifen zu Reifen oder an und auf den anderen Geräten (Taue, Kästen, Bänke, Matten) fortbewegen! Tritt während der Verfolgungsjagd ein Pirat neben einen Reifen, eine Langbank oder eine Matte oder stützt er sich außerhalb dieser Geräte mit den Händen ab, so ist er ins Wasser gefallen und muss aussetzen.
Auch bei Abschlag durch den Piratenjäger muss der Pirat sich hinsetzen und auf Erlösung warten. Er ist dann frei und kann wieder ins Spiel zurückkehren, wenn der Piratenjäger 3 Bodenkontakte gehabt hat.

Wertungsmöglichkeiten:
- Wie viele Piraten fängt der Piratenjäger in 2/3/4 Minuten?
- Schafft der Piratenjäger es in x Minuten, alle Piraten zu fangen?

Variationen:
- Die Anzahl der erlaubten Bodenberührungen des Fängers wird geändert. Aussetzende Piraten dürfen beispielsweise nach einer oder 2 Bodenberührungen des Piratenjägers wieder ins Spiel zurückkehren (durch diese Variante wird die Wartezeit der aussetzenden Piraten verkürzt).
- Fängerwechsel nach 3 Bodenberührungen des Fängers mit gleichzeitigem Einwechseln der außen sitzenden Kinder.

– Fängerwechsel nach weniger als 3 Bodenberührungen des Fängers (dadurch können viele Kinder Fänger sein)
– Änderung der Anzahl der Fänger: Übersteigt die Spieleranzahl Klassenstärke, so sollten auf jeden Fall 2 Fänger genommen werden, wobei die aussetzenden Mitspieler wieder erlöst sind, wenn einer der beiden Fänger dreimal den Boden berührt hat.
– Ein Endlosspiel wird erreicht, wenn einer der Fänger nach nur einem Bodenkontakt abgelöst wird und sogleich alle aussetzenden Spieler wieder ins Spiel kommen.
– Das Spiel kann durch zusätzliche Geräte erweitert werden.
Tipp: Das Spiel ist sehr konditionsfördernd, da die Mitspieler unentwegt springen, klettern und schwingen.

Geburtstagsfangen

A B E

Was wird geschult? Schnelligkeit, Reaktionsvermögen, Gewandtheit
Klassenstufen: 1 – 6
Material: Markierungsbänder für die Fänger
Ort: Sporthalle, Wiese, Schulhof

Spielbeschreibung: Die Läufer stehen hinter einer Linie. Der Fänger steht etwa 20 bis 30 m von der Linie entfernt, gegenüber. Der Spielleiter ruft nun z. B.: »Alle, die im Mai geboren sind, rennen hier vorbei, 1, 2, 3!«. Die Geburtstagskinder dieses Monats versuchen zur gegenüberliegenden Seite zu sprinten, wobei sie dem Abschlag des Fängers durch geschicktes Ausweichen entgehen müssen. Hinter der Ziellinie auf der gegenüberliegenden Seite ist »frei«, also kein Abschlag mehr möglich. Wer abgeschlagen wird, ist neuer Fänger.

Komm aus dem Haus heraus, kleine Maus

A B E

Was wird geschult? Schnelligkeit, Reaktionsvermögen
Klassenstufen: 1 – 6
Material: ein Ball, eventuell Armbänder, Kreide oder Seile zur Markierung der Kreise
Ort: Sporthalle, Schulhof, Sportplatz

Spielbeschreibung: Je 5 Kinder bilden eine Gruppe, die um sich mit Kreide oder Seilen einen Kreis (das Haus) ziehen. Ein Spieler schlägt ein Kind (eine Maus) an, läuft los und versucht, um die Häuser herumzulaufen und sich wieder an die Stelle der Maus zu stellen. Gelingt das, muss sich die Maus ein anderes Haus suchen, indem sie ein Kind in einem anderen Haus anschlägt und versucht, die Runde um alle Häuser zu schaffen.
Schafft sie es nicht und wird abgeschlagen, darf sie einen weiteren Versuch starten. Die Maus kehrt in ihr Haus zurück.
Variationen:
– Die Maus kann auch zwischen den Häusern laufen. Sie muss aber an allen irgendwie vorbeigelaufen sein.
– nicht abschlagen, sondern ein Band vom Arm reißen.
Tipp: Die Laufstrecke nicht zu lang wählen.

Bettlakenfangen

Spielbeschreibung: Je 4 Fänger halten ein Bettlaken so fest, dass jeder einen Zipfel hält. Gemeinsam jagen sie die Läufer. Wird ein Läufer von einem der 4 Fänger abgeschlagen, geht er in Warteposition, und zwar so lange, bis 3 weitere Gefangene dazugekommen sind. Nun geht auch diese 4er-Gruppe mit einem weiteren Bettlaken auf die Jagd. Jeder Fänger des 4er-Teams darf abschlagen, das Bettlaken muss aber immer festgehalten werden. Sieger ist, wer zuletzt gefangen wird.

Variationen: Weitere Spiele mit dem Bettlaken können folgen:

A B E

Was wird geschult? Schnelligkeit, Kooperation
Klassenstufen: 1 – 6
Material: mehrere Bettlaken
Ort: Sporthalle, Schulhof, Wiese

– Jede 4er-Gruppe läuft nach Musik um ihr auf dem Boden liegendes Betttuch, bei Musikstopp wird eine bestimmte Aufgabe ausgeführt, z. B. mit den Füßen unterm Tuch sitzen, den Kopf unter das Laken stecken, der Po ist unterm Laken, die Hände liegen unterm Laken, die Kinder sitzen oder liegen bäuchlings bzw. rücklings auf dem Laken, alle krabbeln unter das Betttuch.

– Die Weite der Turnhalle kann durch folgende Übungen ausgenutzt werden: Jede 4er-Gruppe läuft mit ihrem Tuch in der Halle nach Musik umher, vorwärts, rückwärts, mit Drehung (Karussell), dabei werden die Laken in verschiedenen Höhen gehalten, Bewegungen mit dem freien Arm ausführen.

– Das Bettlaken kann auch wie ein Schwungtuch benutzt werden, indem die 4er-Gruppe das Laken (aus dem Stand, aus der Hocke) hoch schwingt, also einen »Pilz« formt.

– Schön ist auch folgende Variante, genannt »Pilz mit Ball«: Ein Ball oder Ballon wird, auf dem Laken liegend, in die Luft geschleudert und mit dem Laken wieder aufgefangen.

Krebs-Fangen

A B E

Was wird geschult? Kraft, Ausdauer, Reaktionsvermögen
Klassenstufen: 1 – 6
Ort: Sporthalle, Wiese

Spielbeschreibung: Vor Beginn des Spiels werden ein oder zwei Spieler als feste Fänger (Krebse) bestimmt. Die übrigen Spieler sind Fische. Im Meer, einem 8 x 16 m großen Spielfeld, schwimmen die Fische umher. Ein oder zwei Krebse gehen im Krebsgang auf Fischjagd. Beim Krebsgang bewegen sich die Kinder vorwärts oder rückwärts mit dem Bauch nach oben, nur auf Händen und Füßen gestützt, fort. Wird ein schwimmender Fisch von einem Krebs mit der Hand oder auch mit dem Fuß berührt, verwandelt er sich ebenfalls in einen Krebs, also Fänger. Auch wenn ein Fisch das Meer verlässt, also die Spielfeldgrenze übertritt (um z. B. dem Krebs auszuweichen), wird er selbst zum Krebs. Sieger ist der Fisch, der zuletzt gefangen wird. Er darf in der nächsten Spielrunde der erste Krebs sein.

Variationen:

– Die letzten beiden Fische sind in der nächsten Spielrunde Krebse.

– Der letzte oder die letzten beiden Fische suchen einen oder zwei neue Krebse aus.

– Die Fische dürfen sich ebenfalls nur eingeschränkt bewegen (z. B. auf einem Bein hüpfend o. ä.).

– Das Geburtstagskind der Woche darf Krebs sein.

Die Schmuggler

Spielbeschreibung: Der Spielleiter bildet zwei gleichstarke Mannschaften, die eine jeweils gleiche Anzahl von Bällen haben. Das Spielfeld, etwa 20 x 60 m, ist in zwei gleichgroße Hälften geteilt. In der jeweils gegnerischen Hälfte befindet sich eine abgegrenzte Fläche, das Versteck der Schmuggler. Die Spieler verteilen sich zunächst in ihrer eigenen Spielfeldhälfte und müssen nun versuchen, ihre Bälle in das Schmugglerlager zu bringen. Von den Spielern der anderen Mannschaft werden sie durch Abschlagen daran gehindert.
Die Spieler mit dem Ball dürfen nur in der eigenen (bewachten) Hälfte des Feldes abgeschlagen werden. Wird ein Spieler abgeschlagen, verlässt er das Spielfeld und geht zu seiner Außenlinie zurück. Von dort startet er den nächsten Versuch. Wer nach einer festgelegten Spieldauer die meisten Bälle geschmuggelt hat, ist Sieger. Das Spiel ist natürlich auch beendet, wenn alle Bälle im Versteck sind.

Variationen:
– Der abgeschlagene Spieler muss den Ball in das gegnerische Lager bringen.
– Der abgeschlagene Spieler scheidet aus oder wird Gefangener und muss in der gegnerischen Mannschaft weiterspielen.

A B E

Was wird geschult?
Gewandtheit, Ausdauer
Klassenstufen: 3 – 6
Material: pro Spieler ein oder mehrere Bälle
Ort: Sporthalle, Sportplatz, Schulhof

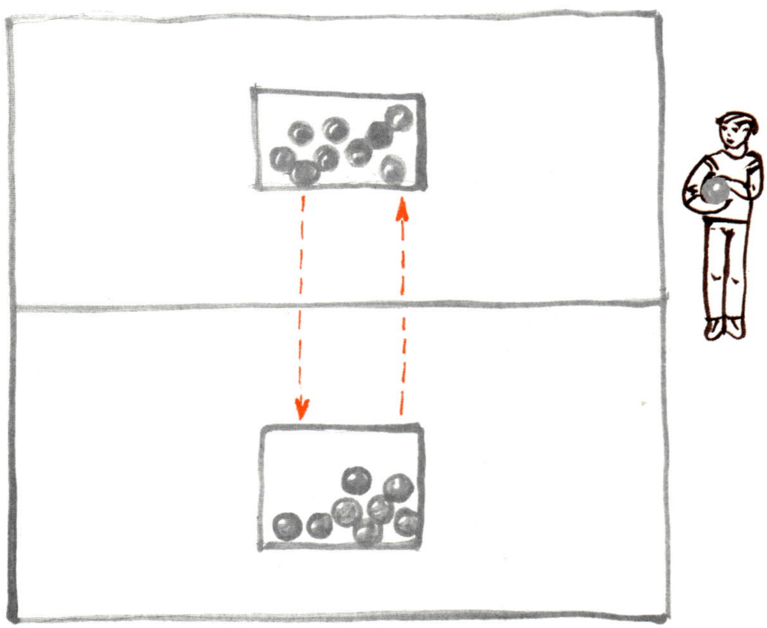

Rettungsball

A B E

Was wird geschult? Schnelligkeit, Reaktionsvermögen
Klassenstufen: 1 – 4
Material: 1 Ball
Ort: Sporthalle, Sportplatz, Schulhof

Spielbeschreibung: Es gibt einen Fänger. Alle anderen Mitspieler laufen in einem Spielfeld durcheinander. Gleichzeitig werfen sich die Läufer beim Laufen gegenseitig einen Ball zu. Wird ein Läufer vom Fänger verfolgt, ruft er »Ball, rette mich!« oder einfach nur »Hilfe!«. Der Spieler, der gerade in Besitz des Balles ist, wirft ihn zu dem Rufenden. Dieser muss ihn fangen, dann kann er nicht mehr abgeschlagen werden.
Variation: Wenn der Fänger den Ball vorher abfängt, ist der Läufer abgeschlagen und wird selbst zum Fänger.

Die Drachenstadt

A B E

Was wird geschult? Schnelligkeit, Reaktionsvermögen
Klassenstufen: 1 – 6
Material: Kreide oder Seile zur Markierung, Medizinball
Ort: Sporthalle, Sportplatz, Schulhof

Spielbeschreibung: Der Spielleiter legt ein Spielfeld von ungefähr 20 x 30 m fest. Alle Mitspieler stehen an einer Linie. Die gegenüberliegende Seite des Spielfelds ist etwa 30 m entfernt. Dort befindet sich die Drachenstadt, in der sich ein kostbarer Schatz (ein Medizinball) befindet. Um die Drachenstadt verläuft ein durch 2 gezogene Linien markierter Graben. Der Graben wird von einem furchtbaren Drachen (ein Mitspieler) bewohnt. Der Drache soll den Schatz in der Drachenstadt vor Räubern schützen.
Auf ein Zeichen des Spielleiters versuchen die Kinder die Drachenstadt zu erreichen, um den Schatz zu bergen. Der Drache versucht das zu verhindern, indem er die Läufer abschlägt. Abgeschlagene Kinder helfen dem Drachen. Wer als letzter abgeschlagen wird, ist der nächste Drache.

Variationen:
– Über den Graben muss gesprungen werden.
– Der Drache wirft mit einem Ball ab.

Tipp: Der Graben sollte nicht zu breit sein.

Wie spät ist es, Herr Fuchs?

A B E

Was wird geschult? Reaktionsvermögen, Schnelligkeit
Klassenstufen: 1 – 4
Ort: Sporthalle, Sportplatz, Schulhof

Spielbeschreibung: Es wird ein Fänger (Herr Fuchs) bestimmt. Alle Mitspieler stehen hinter einer Begrenzungslinie. Der Fänger läuft im Spielfeld umher, die Kinder foppen ihn. Die Kinder rufen: »Wie spät ist es, Herr Fuchs?«. Der Fuchs antwortet: »6 Uhr«. Diese Zurufe wiederholen sich mehrmals, bis der Fuchs plötzlich ruft: »Frühstückszeit!« Bei diesem Stichwort rennen alle Kinder zur gegenüberliegenden Begrenzungslinie des Spielfeldes. Der »Fuchs« versucht, einen oder mehrere Läufer abzuschlagen. Die abgeschlagenen Läufer helfen beim nächsten Durchgang dem Fuchs. Sind alle Läufer abgeschlagen, wird ein neuer Fuchs bestimmt.

Hilfe – der Wolf kommt

A B E

Was wird geschult? Schnelligkeit, Reaktionsvermögen
Klassenstufen: 1 – 6
Ort: Sporthalle, Sportplatz, Schulhof

Spielbeschreibung: Der Spielleiter legt einen »Wolf« und eine »Glucke« fest. Alle anderen Mitspieler sind »Küken« und stehen an einer Linie am Rand des Spielfeldes, das etwa 20 – 50 m^2 groß ist. Die »Glucke« steht an der anderen Seite des Spielfeldes. Die »Küken« laufen zur gegenüberliegenden Seite, der »Wolf« sucht nach Opfern. Die »Glucke« kann das verhindern, indem sie sich zwischen »Wolf« und »Küken« stellt oder läuft und den »Wolf« am Fangen hindert. Der »Wolf« darf die »Glucke« nicht berühren.

Tipps:

– Der Wolf darf nur abschlagen.
– je nach Spieldauer die Funktionen tauschen
– die Glucke deutlich kennzeichnen (Schärpe o. ä.)
– bei mehreren Wölfen auch mehrere Glucken benennnen
– Bei Nähern des Wolfes kann sich das Küken auch blitzschnell hinhocken, dann darf es nicht abgeschlagen werden.
– Im Spielfeld Freimale kennzeichnen. Dort kann sich das Küken – ganz kurz – in Sicherheit bringen.

Der Riese und die Zwerge

A B E

Was wird geschult? Sozialkompetenz, Reaktionsvermögen, Ausdauer
Klassenstufen: 1 – 4
Ort: Sporthalle, Schulhof, Wiese

Spielbeschreibung: Das Kind, das den Riesen spielt, verlässt den Raum, während sich die anderen Kinder, die die Zwerge spielen, einigen, welches Kind der schwächste Zwerg sein soll. Der Riese wird nun hereingerufen und muss versuchen, herauszubekommen, wer der schwächste Zwerg ist, um diesen zu fangen. Durch die Reaktion der anderen Zwerge kann er es herausfinden, da es die Aufgabe der anderen Kinder bzw. Zwerge ist, den schwächsten Zwerg zu schützen, indem sie den Riesen vom schwächsten Zwerg ablenken. Wird der schwächste Zwerg gefangen, ist das Spiel zu Ende.
Tipp: Die Rolle des Riesen erfordert eine sehr gute Kondition.

Tag – Nacht

A B E

Was wird geschult? Reaktionsvermögen, Schnelligkeit, Konzentration
Klassenstufen: 2 – 6
Material: eine zweifarbige Pappscheibe (eine Seite hell, die andere dunkel)
Ort: Sporthalle, Sportplatz, Schulhof

Spielbeschreibung: Der Spielleiter bildet 2 gleichstarke Mannschaften, eine »Tagmannschaft« und eine »Nachtmannschaft«, die sich im Abstand von 2 – 3 m gegenüberstehen. Außen ist das Spielfeld von 2 ca. 20 m voneinander entfernten Grundlinien markiert. Auf den Ruf des Spielleiters »Tag« bzw. »Nacht« wird die jeweilige Mannschaft zur Fängermannschaft und versucht, die andere Mannschaft zu fangen, bevor sich diese hinter ihrer Grundlinie in Sicherheit gebracht hat. Jeder abgeschlagene Spieler bedeutet einen Punkt.

Variationen:

– Der Spielleiter wirft eine zweifarbige Pappscheibe hoch. Je nachdem, ob die dunkle oder helle Farbe sichtbar wird, wird die »Tag«- oder »Nachtmannschaft« zur Fängermannschaft.

– verschiedene Startpositionen einnehmen, z. B. aus dem Stand, Strecksitz, Schneidersitz, Bauchlage, Rückenlage usw.

Tipps:

– Kinder, die nicht mitturnen, können als Schiedsrichter eingesetzt werden (Punkte bzw. Abschläge zählen).

– Es ist eindeutig festzulegen, wer bei welcher Farbe wegläuft und wer fängt.

– Bei Mannschaftswertung auf die gleiche Anzahl von »Tag« und »Nacht« achten.

Der Meeresgott und die Fische

A B E

Was wird geschult? Schnelligkeit, Konzentration, Beweglichkeit
Klassenstufen: 1 – 4
Ort: Sporthalle, Sportplatz, Schulhof

Spielbeschreibung: Vor dem Spiel werden mehrere Kinder als »Fischer« bestimmt. Es wird ein Spielfeld von etwa 40 x 40 m festgelegt. Die Ecken sind für die »Fische« reserviert, die dort Unterschlupf finden können.

Der »Meeresgott« (Spielleiter oder ein Kind) steht inmitten der Fische, die sich im Spielfeld frei bewegen. Er gibt die Anweisungen zum Verhalten der Fische. Der Meeresgott ruft: »Das Meer ist ruhig!« Die Fische reagieren und laufen auf Zehenspitzen. Dann ruft der Meeresgott: »Das Meer stürmt!» Alle Fische laufen durcheinander. Die Fische reagieren, sie hüpfen und springen durcheinander. Der Meeresgott ruft nun: »Die Fischer kommen!« Alle Fische laufen in eine der vier Ecken. Dort sind sie in Sicherheit und können nicht gefangen werden. Die Fischer (2 bis 4 Kinder, je nach Spieleranzahl), die sich beim Meeresgott aufhalten, versuchen so viele Fische wie möglich abzuschlagen. Die abgeschlagenen Fische werden dann zu Fischern.

Variationen:

– Die Ecken des Spielfeldes mit Namen benennen, wie Hechtbank, Barschecke, Plötzenecke, Aalecke. Der Meeresgott gibt die Anweisung, z. B.: »Alle Fische zur Hechtbank!«

– Kinder vorher in Fische verschiedener Art einteilen, diese dürfen sich dann nur in »ihre Ecke« retten, z. B. die Aale in die Aalecke.

Gangsterjagd

A B E

Was wird geschult?
Schnelligkeit, Koordination, räumliche Wahrnehmung, Reaktionsvermögen
Klassenstufen: 2 – 6
Material: Langbank, Mannschaftsschärpen, Stoppuhr
Ort: Sporthalle, Wiese

Spielbeschreibung: Vor Beginn des Spiels werden 2 Mannschaften gebildet. Auf einer Langbank oder in einem deutlich markierten Bereich außerhalb des Spielfeldes von ca. 8 – 10 m x 12 – 16 m stehen oder sitzen die Polizisten. Im Spielfeld laufen die Gangster umher. Auf ein Zeichen des Spielleiters sprintet der erste Polizist zur Gangsterjagd ins Feld. Hat er einen Gangster abgeschlagen, setzt dieser sich sofort zu Boden und rührt sich nicht von der Stelle, während der Polizist zu seiner Gruppe zurückläuft und mit Handklatsch den zweiten Polizisten auf die Jagd schickt. So geht die Jagd weiter, bis alle Gangster gefangen sind und auf dem Boden sitzen. Anschließend tauschen Polizisten und Gangster die Rolle. Welche Mannschaft hat die andere in der kürzeren Zeit gefangen?

Variationen:

– Die abgeschlagenen Gangster setzen sich auf eine Langbank außerhalb des Spielfeldes an eine der Spielfeldgrenzen. Gleichzeitig gehen zwei oder drei Polizisten auf Jagd. Der Wechsel erfolgt entweder durch Handklatsch oder durch Übergabe einer Mannschaftsschärpe an den nächsten Fänger.

– Abgeschlagene Gangster scheiden nicht aus, sondern bleiben so lange im Spiel, bis die Polizisten einen Durchgang beendet haben.

– Nur bei viel Platz möglich: Jeder Polizist wählt vor der Jagd einen bestimmten Gangster aus, den er fangen möchte. Auf ein Zeichen des Spielleiters laufen alle Polizisten ins Spielfeld. Jeder Polizist, der einen Gangster gefangen hat, kehrt mit diesem zum Startplatz zurück. Die Zeit wird gestoppt, sobald der letzte Polizist mit seinem Gefangenen zurückgekehrt ist. Dann wird wieder getauscht.

– Die abgeschlagenen Gangster können durch ihre Kollegen wieder befreit werden, indem sie von diesen ebenfalls per Handschlag erlöst werden.

Tipps:

Langsame Kinder, die es nicht schaffen, einen Mitspieler zu fangen, sollten trotzdem wechseln, da ihnen oft die Ausdauer fehlt, nach längerem Fangen noch erfolgreich zu sein. Sitzen abgeschlagene Gangster im Spielbereich, müssen die Polizisten sie geschickt umlaufen (nicht überspringen!). Die gefangenen Gangster dürfen weder ihren Platz verlassen noch die Polizisten behindern.

Werfen Rollen Prellen 2. Kapitel

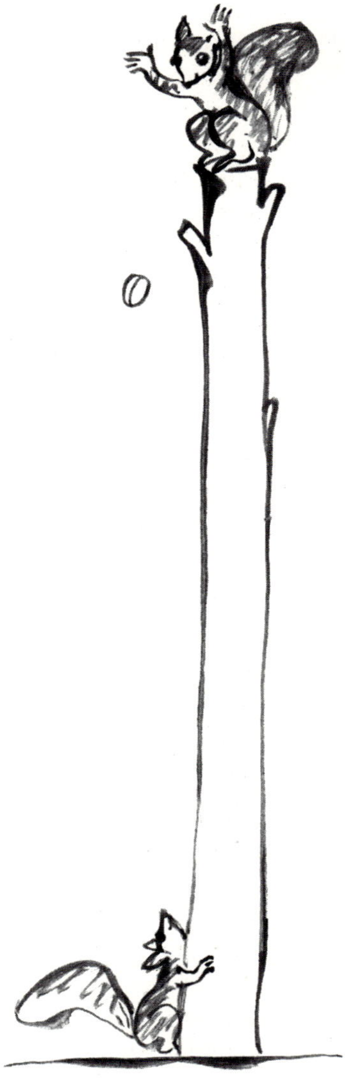

Werfen, Rollen, Prellen

Ballspiele erfreuen sich bei Kindern größter Beliebtheit. Mit Sicherheit haben alle Kinder bereits vor Schuleintritt einige Bewegungserfahrungen mit Bällen sammeln können. Im Laufe ihrer Grundschulzeit sollen die Kinder ihre Spielfähigkeit über einfache Formen der Ballgewöhnung bis hin zu den kleinen Sportspielen so ausgebildet haben, dass sie an unterschiedlichen Spielen wirksam teilnehmen können.
Hierzu gehört, dass wesentliche Regeln, die zum Gelingen eines Spieles beitragen, von den Kindern erarbeitet, akzeptiert und eingehalten werden. Faires Spielverhalten zu erhalten und aufzubauen (durch gemeinsame Gespräche, Förderung des Zusammenspiels innerhalb der Gruppe, Akzeptieren von Verbesserungsvorschlägen durch Kinder, Einsatz von Kindern zu Schiedsrichtern und Mannschaftssprechern) sollte ständiges Unterrichtsziel sein.
Folgende organisatorische Vereinbarungen erleichtern das Üben mit dem Ball:
– Vor Übungsbeginn, bei Demonstrationen oder Erläuterungen sitzen die Kinder im Schneidersitz und legen den Ball im Schoß ab.
– Will der Spielleiter den Übungsprozess stoppen, müssen die Kinder auf ein vorher vereinbartes akustisches Signal schnell reagieren und den Schneidersitz einnehmen, Ball im Schoß abgelegt.
– Der Spielleiter sollte die Schülerinnen und Schüler darauf hinweisen, dass in der Halle umherrollende Bälle eine Gefahrenquelle darstellen.
– Alle Übungen sind sowohl rechts- als auch linkshändig auszuführen.
– Beim Abrollen des Balles aus der Hockstellung sollte darauf geachtet werden, dass die Kinder den Rücken gerade halten.

Da viele Spielformen mit einem Partner oder in der Gruppe erprobt werden, kann sich das Gemeinschaftsgefühl in der Klasse weiter entwickeln und ein freudbetonter Unterricht stattfinden.

Vor Beginn mit den eigentlichen Ballspielen empfiehlt es sich, einige Ballgewöhnungsübungen mit den Kindern durchzuführen. Die Kinder erlangen dadurch eine höhere Sicherheit im Umgang mit dem Ball. Zunächst könnten die Kinder allein oder zu zweit verschiedene Kunststücke erproben.

Zum Beispiel:
– den Ball in die Luft werfen, sich hinsetzen und ihn auffangen,
– den Ball in die Luft werfen, mehrmals klatschen und ihn auffangen,
– den Ball durch die gegrätschten Beine nach oben werfen, sich umdrehen und ihn auffangen,
– den Ball hochwerfen, sich auf den Boden legen, wieder aufstehen und den Ball fangen,
– den Ball hochwerfen, ihn hinter dem Rücken auffangen und ihn wieder nach vorn zurückwerfen.

Übungen an der Hallenwand:
Die Kinder stellen sich paarweise vor einer Hallenwand auf. Den Abstand von der Wand bestimmt jedes Kind selbstständig. Die Kinder wechseln sich beim Üben ab – jedes Paar erhält einen Ball. Folgende Übungen können durchgeführt werden:
– den Ball an die Wand werfen und ihn direkt fangen,
– den Ball an die Wand werfen, aufprellen lassen und fangen,
– den Ball an die Wand werfen, ihn in der Hocke fangen,
– den Ball einhändig an die Wand prellen – abwechselnd rechts und links,
– mit dem Rücken zur Wand mit beiden Händen den Ball über den Kopf an die Wand werfen, danach eine halbe Drehung machen und den Ball fangen,
– mit dem Rücken zur Wand den Ball durch die gegrätschten Beine hindurch an die Wand werfen, danach eine halbe Drehung machen und den Ball fangen,
– den Ball an die Wand werfen und ihn anschließend mit der Brust wieder gegen die Wand prallen lassen,
– Partner 1 wirft den Ball an die Wand, hockt sich hin; Partner 2 fängt den Ball,
– Partner 1 wirft den Ball an die Wand, lässt ihn einmal aufprellen, springt mit gegrätschten Beinen über den Ball hinweg und Partner 2 fängt ihn auf,
– den Ball mit dem Fuß abwechselnd an die Wand spielen.
Dies sind nur einige Anregungen, die Kinder werden sicher weitere Varianten erfinden.

Trefft den Tiger!

A B E

Was wird geschult? Gewandtheit, Wurfgenauigkeit
Klassenstufen: 2 – 6
Material: ein oder mehrere weiche Bälle
Ort: Sporthalle, Sportplatz, Schulhof

Spielbeschreibung: Die Spieler bilden einen großen Innenstirnkreis. Im Kreis befindet sich ein Spieler, der Tiger, der von den anderen Spielern mit dem Ball getroffen werden soll.
Wird der Tiger getroffen, löst ihn der Werfer als Tiger im Kreis ab. Die Schwierigkeit für den Werfer, aber auch für den Tiger wird erhöht, wenn sich die Werfer während des Spiels im Kreis drehen!
Variationen:
– Im Kreis können mehrere Tiger sein.
– Es wird mit mehr als einem Ball geworfen.

Die fünf Geheimnisvollen

A B E

Was wird geschult? Reaktionsvermögen, Schnelligkeit, Wurfgenauigkeit
Klassenstufen: 1 – 6
Material: 5 kleine Bälle, Trillerpfeife
Ort: Sporthalle, Sportplatz, Schulhof

Spielbeschreibung: Die Spieler bilden einen Innenstirnkreis. Der Spielleiter geht außen um den Kreis herum und gibt 5 Kindern heimlich einen Ball. Auf ein Zeichen laufen alle Kinder los. Die Spieler mit dem Ball versuchen, ein Kind zu treffen. Wer die meisten Kinder trifft, ist Sieger.
Tipps:
– Die Spielzeit kurz halten (etwa 30 Sekunden), sonst geht der Überraschungseffekt verloren.
– Das Spielfeld sollte auf ca. die Hälfte der Halle begrenzt werden, sonst laufen die Spieler zu weit.

Jägerball

A B E

Was wird geschult? Wurfgenauigkeit, Fangsicherheit, Schnelligkeit, Reaktionsvermögen
Klassenstufen: 3 – 6
Material: 1 Ball
Ort: Sporthalle, Sportplatz, Schulhof

Spielbeschreibung: Es werden 2 gleichstarke Gruppen gebildet. Eine Gruppe verfügt über den Ball. Mit Hilfe des Balles soll ein Mitglied der anderen Gruppe abgeworfen werden. Auf ein Zeichen des Spielleiters laufen alle Spieler in einem abgeteilten Spielfeld hin und her.
Die ballführende Gruppe kann sich den Ball zuwerfen, um eine möglichst optimale Abwerfposition zu erreichen. Die Gegenspieler können auch mehrmals abgeworfen werden. Sie bleiben aber im Spiel. Es zählen die Treffer. Nach einer festgelegten Spielzeit erfolgt der Wechsel der Gruppen. Die Gruppe, die die meisten Treffer erzielt, ist Sieger.
Variation: Es können auch mehrere Bälle zum Werfen genommen werden. Der Spielleiter muss genau die Trefferzahl registrieren. Eventuell kann er Kinder als Zähler einsetzen.

Stehball

A B E

Was wird geschult?
Reaktionsvermögen, Wurfgenauigkeit
Klassenstufen: 3 – 6
Material: 1 Ball
Ort: Sporthalle, Sportplatz, Schulhof

Spielbeschreibung: Die Mitspieler bilden einen Innenstirnkreis. In der Mitte des Kreises befindet sich ein Spieler mit einem Ball. Er wirft den Ball hoch. In diesem Moment laufen die Kinder los. Sobald der Spieler im Kreis den Ball gefangen hat, ruft er: »Halt!«. Alle Spieler verharren sofort. Der Spieler mit dem Ball versucht, einen Mitspieler abzuwerfen.
Gelingt ihm das, geht dieser Spieler in den Kreis. Wird der Ball aufgefangen, muss der Spieler noch mal in den Kreis und das Spiel beginnt von vorn.
Bei einem Fehlversuch (der Ball wird nicht gefangen oder es wird kein Spieler getroffen) hat der Spieler einen zweiten Versuch.

Variationen:
– Der Spieler im Kreis ruft den Namen eines Mitspielers. Dieser muss auch getroffen werden.
– Der Spieler im Kreis ruft den Namen eines Mitspielers. Dieser muss sofort versuchen, den hochgeworfenen Ball zu fangen und den Werfer zu treffen. Schafft er es, erhält er einen Punkt oder wechselt mit dem Werfer im Kreis.

Tipp: Dieses Spiel ist auch für kleinere Schülergruppen gut geeignet, da der Positionswechsel schneller möglich ist.

Sau-Trieb

A B E

Was wird geschult? Wurfgenauigkeit
Klassenstufen: 3 – 6
Material: je 1 Ball pro Spieler, 1 großer Ball (die Sau)
Ort: Sporthalle, Sportplatz, Schulhof

Spielbeschreibung: Der Spielleiter teilt die Klasse in 2 gleichstarke Mannschaften ein. Jeder Spieler versucht durch Werfen die »Sau« (den großen Ball) zu treffen.
Durch Treffer der jeweiligen Mannschaft rollt der Ball über eine markierte Linie in der gegnerischen Hälfte. Damit ist das Spiel beendet und die Mannschaft ist Sieger.
Tipp: Als »Sau« eignet sich besonders gut ein leichter Ball.
Variationen:
– Es können auch mehrere Bälle als »Sauen« genommen werden. Wer treibt die meisten Bälle über die gegnerische Linie?
– Luftballons als »Sauen« nehmen – wie viele »Sauen« werden durch Platzen der Luftballons erlegt?

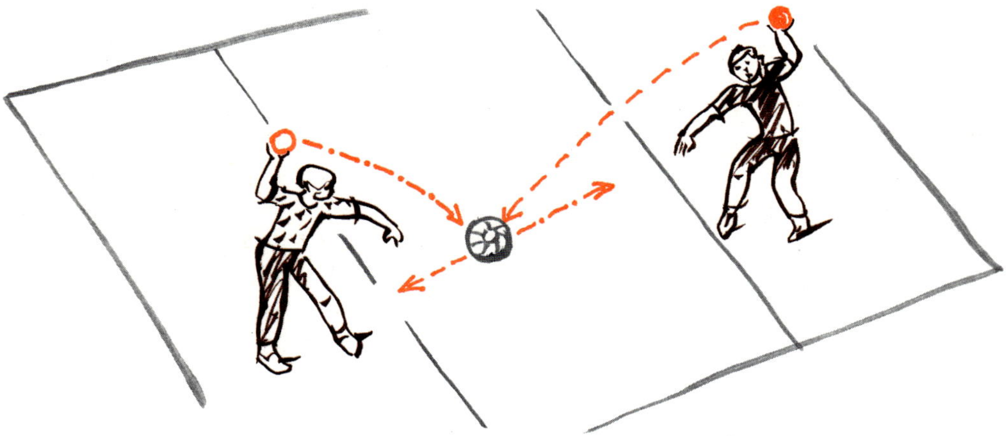

Fußball mit Käfer, Spinne, Krebs, Hund

A B E

Was wird geschult? Ausdauer, Gewandtheit, Koordination
Klassenstufen: 3 – 4
Material: Softball, Turnbänke, Kastenteile
Ort: Sporthalle

Spielbeschreibung: Die Klasse wird in 4 Mannschaften (die Käfer, die Spinnen, die Krebse und die Hunde) aufgeteilt. Es spielen immer 2 Mannschaften gegeneinander (Turniersystem).
Als Krebs, Käfer, Spinne oder Hund spielt man auf allen Vieren Fußball. Dabei kann entweder der Rücken oder der Bauch zum Boden zeigen. Der Ball kann nur mit den Händen, nur mit den Füßen oder mit Händen und Füßen gespielt werden.
Die Spielzeit sollte nicht länger als 5 Minuten betragen. Als Tore werden aufgestellte Kastenteile verwendet.

An die Bälle – fertig – Wurf!

A B E

Was wird geschult?
Kraft, Beweglichkeit, Ausdauer
Klassenstufen: 1 – 4
Material: 24 – 30 Indiacabälle oder Softbälle von mindestens 20 cm Ø, 2 Turnbänke, Musik
Ort: Sporthalle

Spielbeschreibung: Die Klasse wird in 2 Mannschaften eingeteilt. Jedes Mannschaftsmitglied erhält einen Ball. Alle Spieler verteilen sich gut in ihrer jeweiligen Spielfeldhälfte. Am besten eignet sich als Spielfeld das bereits aufgezeichnete Volleyballfeld. Auf der Mittellinie stehen 2 Turnbänke als Begrenzungsmale.
Auf den Ausruf: »An die Bälle – fertig – Wurf«, versuchen alle Spieler ihren Ball in das gegnerische Feld zu werfen. Dabei sollten sie bemüht sein, möglichst hoch und weit zu werfen (Gesichts- und Körpertreffer sind zu vermeiden). Welche Mannschaft hat beim Abpfiff die wenigsten Bälle in ihrem Feld? Die Spieldauer beträgt 2 – 3 Minuten. Während des Spiels kann im Hintergrund Musik abgespielt werden.

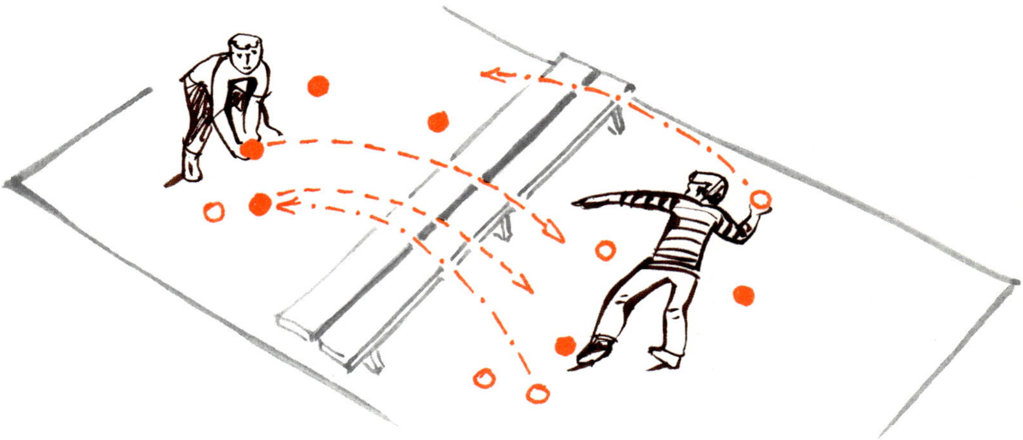

Spielvariante für die 3. und 4. Klasse:
Zwischen den beiden Mannschaften stehen keine Turnbänke, sondern es wird eine Wurfgasse gebildet. Auf dem Volleyballfeld ist dies der Raum von der Mittellinie bis zu den Angriffslinien. Maximale Breite der Gasse sollte 4 m sein. Die Bälle liegen vor dem Spielbeginn auf den jeweiligen Angriffslinien. Bei Spielbeginn nimmt jeder Spieler einen Ball auf und wirft ihn in das gegnerische Spielfeld. Bälle, die in der Wurfgasse liegen, dürfen dort herausgeholt und hinter die Angriffslinien gebracht werden. Der Wurf erfolgt immer von der Angriffslinie.
Welche Mannschaft hat beim Abpfiff die wenigsten Bälle in ihrem Feld? Bälle, die sich in der Gasse vor den Angriffslinien befinden, werden jeweils zur Hälfte mitgezählt.

Ameisenhaufen

A B E

Was wird geschult? Schnelligkeit, Geschicklichkeit, Wurfkraft
Klassenstufen: 1 – 2
Material: 3 Gymnastikreifen, 9 Medizinbälle (2 kg), 9 Medizinbälle (1 kg), 9 Gymnastikbälle
Ort: Sporthalle

Spielbeschreibung: Vor Spielbeginn werden in die Mitte der Turnhalle 3 Gymnastikreifen gelegt. In diese Reifen werden Ameisenhaufen gebaut. Jeder Ameisenhaufen besteht aus insgesamt 9 Bällen (3 große, 3 mittlere und 3 kleinere). Die Klasse wird in 2 Ameisenvölker geteilt. In jedem Ameisenvolk gibt es fleißige Arbeiter, aber auch maximal 3 Störenfriede. Jedes Ameisenvolk bestimmt seine Störenfriede selbstständig. Nun kann es losgehen.
Die Störenfriede vom Ameisenvolk Nr. 1 müssen innerhalb von 20 Sekunden die Ameisenhaufen zerstören, indem sie alle Bälle kreuz und quer in der Turnhalle verteilen. Dies ist möglich durch Rollen oder Werfen der Bälle.
Nach dieser Zeit bekommt das Ameisenvolk Nr. 2 ein Zeichen des Spielleiters. Es stellt sich an einem vorher festgelegten Punkt auf. Die Störenfriede ziehen sich zu ihrem Volk zurück. Auf den Ausruf: »Baut die Ameisenhaufen auf!«, sammeln die fleißigen Arbeiter alle Bälle wieder ein und türmen wieder 3 gleiche Ameisenhaufen auf.
In jeden Reifen gehören 3 große, 3 mittlere und 3 kleine Bälle. Ist es ihnen gelungen, die Ameisenhaufen wieder aufzubauen, pfeift der Spielleiter ab und gibt die Spielzeit bekannt. Danach erfolgt ein Wechsel. Die Störenfriede vom Ameisenvolk Nr. 2 gehen ihrer Arbeit nach und das Ameisenvolk Nr. 1 muss alle Ameisenhaufen wieder aufbauen. Welchem Ameisenvolk gelingt dies in der kürzesten Zeit?

Material: 2 Gymnastikreifen, 8 Medizinbälle (2 kg), 6 Medizinbälle (1 kg)

Variation für die Klassen 3 und 4: Wurden die Ameisenhaufen zerstört, besteht die Aufgabe für die Arbeiter jetzt darin, zu den Bällen zu laufen und sie dann nicht zu den Reifen zu tragen, sondern

- die Bälle mit den Händen zu den Reifen zu rollen,
- die Bälle mit den Füßen zu den Reifen zu rollen,
- sich im Vierfüßlergang vorwärts zu bewegen und den Ball vor sich her zu rollen oder
- sich den Ball auf den Bauch zu legen und ihn im Krebsgang vorwärts oder rückwärts zum Reifen zu transportieren.

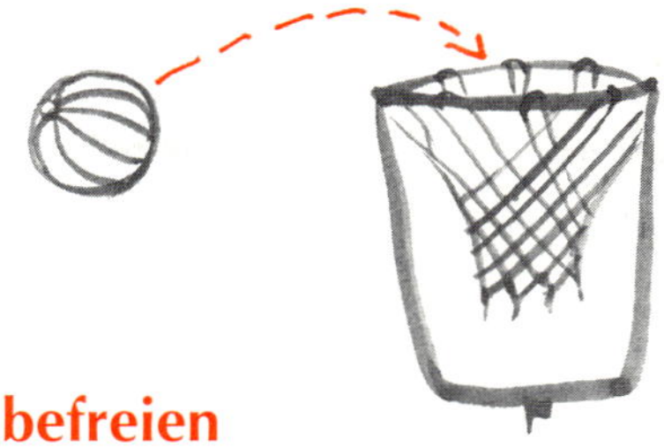

Schmetterlinge befreien

Spielbeschreibung: Vor Spielbeginn wird jeweils ein Reifen mit Basketball unter einen Basketballkorb bzw. vor einen Korbständer gelegt und die Abwurfentfernung markiert (Entfernung zum Korb je nach Klassenstufe variieren).
Es gibt mehrere Fängerpaare. Jedes Paar hält jeweils ein Bettlaken an beiden Enden so, dass es die »Schmetterlinge« (Läufer) damit einwickeln kann. Die so gefangenen Schmetterlinge verteilen sich unter den Basketballkörben. Haben die Fänger auf diese Weise 10 Schmetterlinge gefangen, werden zwei Befreier aus den übrigen Läufern ausgewählt, die ihre Brüder und Schwestern mit einem symbolischen Wurf in ein »Schmetterlingsnetz« (also in einen der Basketballkörbe) nach Wahl befreien können. Jeder Befreier hat einen Versuch. Treffen beide nicht, dürfen die »Schmetterlingsfänger« wieder auf die Jagd gehen.

Variationen:
- Bei einem Treffer darf der Befreier nur 5 Schmetterlinge befreien.
- Jeder gefangene Schmetterling darf sich selbst befreien.
- Änderung der Anzahl der Korbwürfe
- Unterschiedliche Abwurfentfernungen an den einzelnen Basketballkörben – jeder »Gefangene« darf sich die Abwurfentfernung aussuchen, die ihm gefällt.

Wertungsmöglichkeiten:
- Wie viele Schmetterlinge sind nach x Minuten im Netz?
- Schaffen es die Fänger, in einer bestimmten Zeit alle Schmetterlinge aus dem Feld zu bringen?
- Welche Schmetterlinge schaffen es, nicht abgeschlagen zu werden? Die Variante empfiehlt sich für die Klassen 5 – 6, da sich aufgrund starker Motivation zum Korbwurf einige Spieler gern freiwillig fangen lassen, wenn sich jeder selbst befreien darf.

Tipp: Die Erlösungsmöglichkeit beim Korbwurf darf nicht so einfach sein, da hierdurch die starke Motivation der Kinder zum Korbwurf sinkt. Eine zu schwierige Erlösungsmöglichkeit beim Korbwurf hingegen sorgt für ein zu schnelles Spielende.

A B E

Was wird geschult?
Ausdauer, Reaktionsvermögen, Wurfgenauigkeit, Gewandtheit, Kooperation, räumliche Wahrnehmung, Geschicklichkeit
Klassenstufen: 4 – 6
Material:
2 – 4 Basketballkörbe oder Korbständer (am Spielfeldrand)
2 – 4 Basketbälle
2 – 4 Reifen als Bodenmarkierungen, Stoppuhr, Bettlaken
Ort: Sporthalle, Schulhof

Brennball

A B E

Was wird geschult? Wurfkraft, Schnelligkeit, Timing, Reaktionsvermögen
Klassenstufen: 3 – 6
Material: Tennis- und Wurfbälle, Handball, andere Wurfobjekte wie Schweifball, Frisbee, Tennisring, Kreide oder Stift und Papier
Brennmal: Gymnastikreifen oder Sprungbrett, kleine Kästen oder Fahrradmantel
Freimal: Malstangen, Sprungständer, kleine Kästen oder Markierungskegel
Ort: Sporthalle, Schulhof, Wiese

Spielbeschreibung: Brennball ist ein Spiel mit 2 Mannschaften, einer Wurf- und einer Fängermannschaft. Die Werfer stehen in einer festgelegten Reihenfolge hinter der Wurflinie, die Fänger verteilen sich im Spielfeld (15 x 20 m oder 20 x 50 m), das durch 4 – 6 Freimale (Sprungständer, kleine Kästen oder nur Markierungskegel, die in regelmäßigen Abständen aufgestellt sind) begrenzt wird.
Jeder Werfer hat die Aufgabe, nach einem möglichst weiten Wurf ins Spielfeld so schnell wie möglich um das Spielfeld herum zu laufen, entweder ohne Unterbrechung oder von Freimal zu Freimal. Währenddessen versucht die Fängermannschaft den Ball ihrem »Brenner« (ein Mitspieler) zuzuspielen, der am Brennmal steht und es mit dem Ball berührt, während er laut: »Verbrannt!« ruft. Danach darf der Werfer seinen Lauf nicht fortsetzen. Befindet er sich in dem Augenblick, wo der Ball Berührung mit dem Brennmal hat, noch zwischen zwei Laufmalen, ist er »verbrannt« und geht zur Ablaufstelle zurück, wo er beim Wurf des nächsten Werfers erneut loslaufen darf.

Variationen:

1. Der »Verbrannte« geht zum 1. Freimal zurück.
2. Der »Verbrannte« geht nur zum zuletzt passierten Freimal zurück. Diese Variante ist vielleicht die am wenigsten frustrierende Lösung für die Kinder, außerdem ist der Zeitaufwand für das Zurücklaufen des »verbrannten« Kindes nicht so groß, infolgedessen ergibt sich eine kürzere Wartezeit des nächsten Werfers bis zu seinem Wurf.

Punktwertung für die Werfer:

– Der Läufer schafft einen Lauf um das ganze Spielfeld mit Unterbrechung an den Freimalen (1 Punkt).
– Der Läufer schafft nach eigenem Wurf einen Lauf um das Spielfeld ohne Unterbrechung (3 Punkte).

Punkte für die Fänger:

– Je 1 Punkt für einen »verbrannten« Werfer, für das Fangen eines Balles direkt aus der Luft nach Abwurf durch einen Spieler der Werfermannschaft und für jeden direkt über die Seitenlinie hinausgeworfenen Ball der Werfermannschaft.
– Der Ball darf nur über die hintere Spielfeldlinie direkt das Feld verlassen. Über die Seitenlinie darf er nur nach Bodenkontakt hinausspringen.

Aufenthalt an den Freimalen:

1. Keine Beschränkung der Anzahl der Läufer.
2. Nur 3 Läufer dürfen sich an einem Freimal aufhalten. Sind es mehr, erfolgt Rollentausch zwischen Werfern und Fängern. Bei dieser Variation müssen sich die Spieler der Werfer-Mannschaft genau überlegen, wie die guten Werfer geschickt eingeteilt werden können.

»Aushungern« der Wurfmannschaft:

Steht kein wurfberechtigter Spieler mehr an der Wurflinie, so erfolgt ebenfalls ein Rollentausch zwischen Läufern und Werfern.

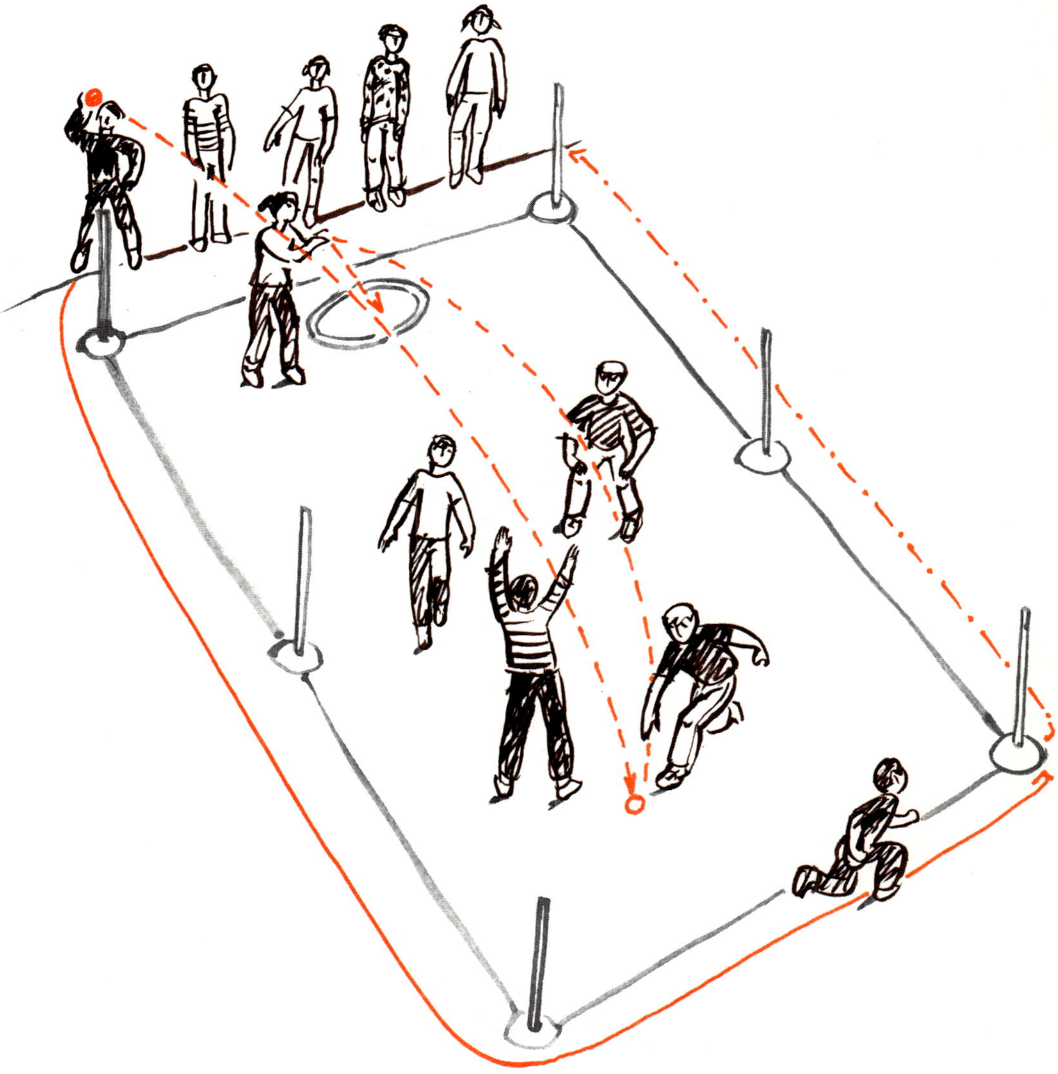

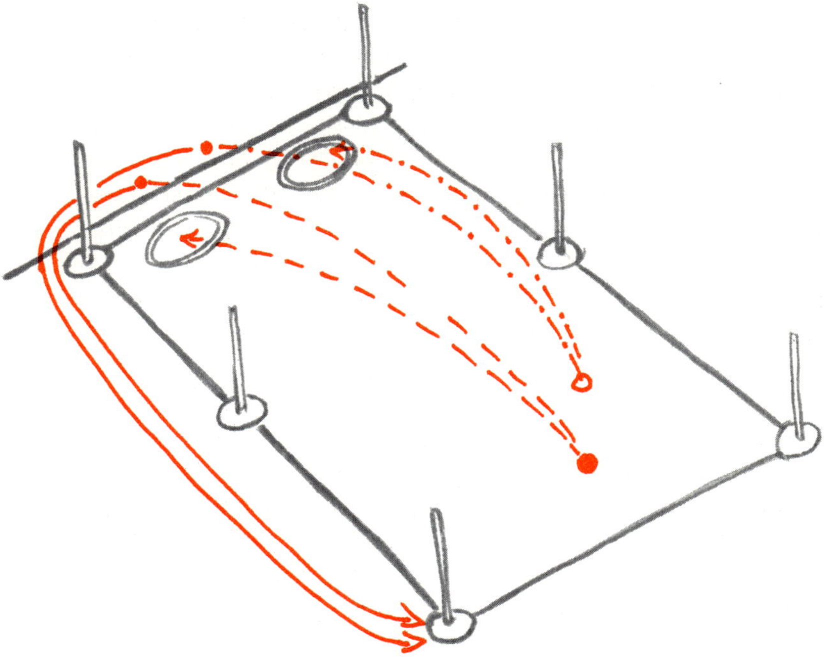

Zweier-Brennball

A B E

Was wird geschult? Wurfkraft, Schnelligkeit, Timing, Reaktionsvermögen
Klassenstufen: 3 – 6
Material: 1 – 2 Bälle, Gymnastikreifen, Malstangen
Ort: Sporthalle, Schulhof, Wiese

Spielbeschreibung: Bei dieser Spielform handelt es sich um eine Variante der Grundform des Brennballspiels.
Es werden 2er-Laufgruppen gebildet. Einer der beiden Läufer wirft den Ball weit ins Feld hinein, dann laufen beide gleichzeitig los.
Möglich ist auch folgende Regeländerung:
Beide Läufer werfen zur gleichen Zeit je einen Ball ins Feld. Sie laufen los. Bei dieser Variante des Spiels können sowohl ein als auch zwei Brennmale benutzt werden.
Keiner der beiden Läufer darf unterwegs sein, wenn der zweite Ball im Brennmal ist. Sonst ist er verbrannt. Wer verbrannt ist, muss zurück zur Abwurflinie oder zum zuletzt passierten Freimal.

Schweinebrennball

A B E

Was wird geschult? Geschicklichkeit, Schnelligkeit, Reaktionsvermögen

Spielbeschreibung: Bei dieser Variante der Grundform des Brennballspieles muss die Werfermannschaft immer ein »Schwein« mit auf den Weg nehmen. Als »Schwein« wird ein Medizinball mitgeführt. Besonders wirkungsvoll ist ein vorher mit Kreide auf den Medizinball gemaltes Schweinegesicht. Als Freimale werden kleine, umgedrehte Kästen benutzt.

Der erste Läufer wirft den Tennisball und trägt das Schwein um das Spielfeld. Bevor die Fängermannschaft den ins Spielfeld geworfenen Tennisball in den »Brenner« befördert hat, muss das »Schwein«, das von einem Läufer der Werfermannschaft mitgenommen wurde, im »Stall« sein, also in einem der kleinen Kästen liegen. Befindet sich der Läufer, der das »Schwein« transportiert, im Augenblick, in dem der Ball das Brennmal berührt, noch zwischen 2 Freimalen, muss er mitsamt »Schwein« zum zuletzt passierten Freimal zurückgehen und den Medizinball in den Kasten legen. Jeder andere Läufer, der zufällig auch an diesem Freimal steht, darf beim Wurf des nächsten Werfers das »Schwein« tragen. Ist das »Schwein« durchs Ziel getragen worden, erhält die Werfermannschaft zu den Punkten, die die einzelnen Läufer erzielt haben, weitere 5 Zusatzpunkte. Ist das »Schwein« im Ziel, darf es beim Wurf des nächsten Werfers erneut um das Spielfeld getragen werden.

Klassenstufen: 3 – 6
Material: 6 kleine Kästen, 1 Tennisball, 1 Medizinball, Kreide, Stoppuhr, Gymnastikreifen
Ort: Sporthalle, Schulhof, Wiese

Variationen:

1. Mehrere »Schweine« (beispielsweise 5) dürfen beim Lauf um das Spielfeld von der Werfermannschaft mitgenommen werden.
Hinter dem Ziel befindet sich ein großes Kastenteil mit den Medizinbällen. Zu Beginn des Spiels werden alle herausgenommen und an die Werfer verteilt. Hat ein »Schwein« eine Runde geschafft, muss es in den »Stall« (in den großen Kasten). Dort bleibt es liegen, bis alle »Schweine« wieder vollständig sind. Erst dann dürfen sie wieder alle aufs Neue mitgenommen werden.
2. Sobald einer der Medizinbälle im Kasten abgelegt wird, darf ein anderer Läufer ihn mit auf die nächste Runde nehmen.

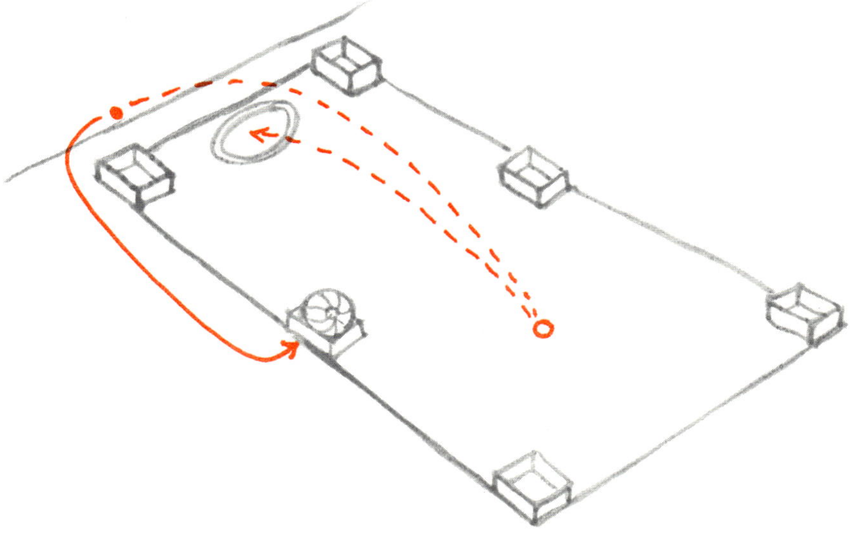

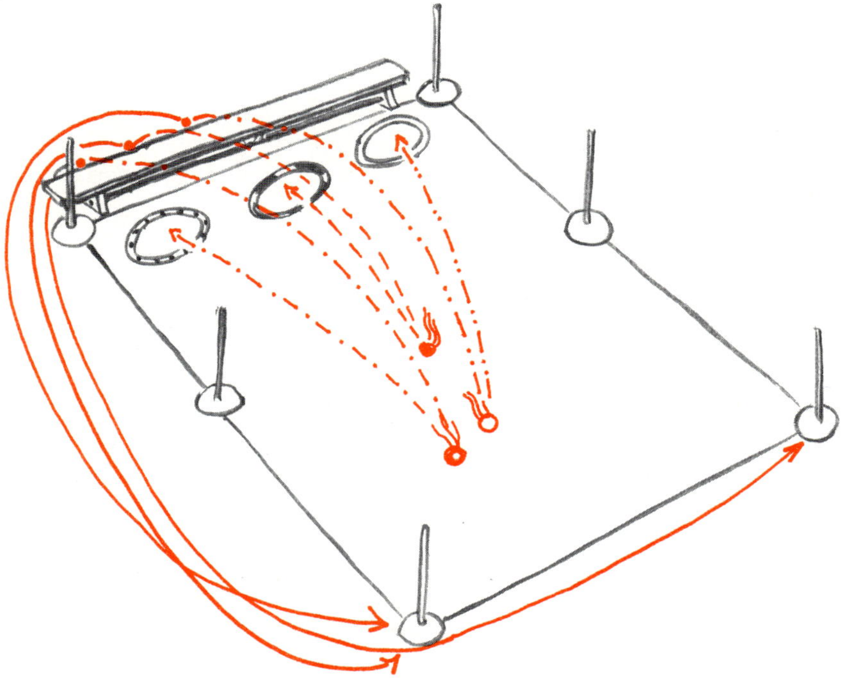

Hagel-Brennball

A B E

Was wird geschult?
Wurfkraft, Schnelligkeit, Timing, Reaktionsvermögen
Klassenstufen: 3 – 6
Material:
3 verschiedenfarbige Gymnastikbälle, 3 Reifen in den Farben der Gymnastikbälle, 1 Langbank, 4 – 6 Sprungständer oder Fahnenstangen als Freimale
Ort: Sporthalle, Schulhof, Wiese

Spielbeschreibung: Grundidee: Siehe »Brennball« auf S. 48. Das Spielfeld hat eine Größe von 15 x 20 m oder 20 x 50 m.
Die Wurfmannschaft bildet Gruppen von 3 Werfern, die mit 3 verschiedenfarbigen Gummibällen werfen. Abwurflinie ist eine Langbank. Brennmale sind 3 verschiedenfarbige Reifen. Jeder »Brenner« hat dafür zu sorgen, dass jeder Ball in seinen farblich dazu passenden Reifen geworfen wird (z. B. gelber Ball in gelben Reifen). Erst wenn der dritte Ball im Brenner ist, darf kein Läufer mehr unterwegs sein. Ansonsten muss er zum zuletzt passierten Freimal zurück. Die Anzahl der Läufer am Freimal ist beliebig. Jeder Lauf um das Spielfeld bringt der 3er-Gruppe 3 Punkte.
Variationen:
– Das Spiel wird sehr abwechslungsreich, wenn man andere Wurfgeräte einsetzt. Hierfür eignen sich Frisbee-Scheiben, Schweifbälle, Rugbybälle, Volleybälle oder Tennisbälle.
– An jedem Laufmal dürfen nur noch 2 Läufer stehen, sonst: Rollenwechsel.
– Der Abwurf erfolgt mit Speckbrettern und Tennisbällen.

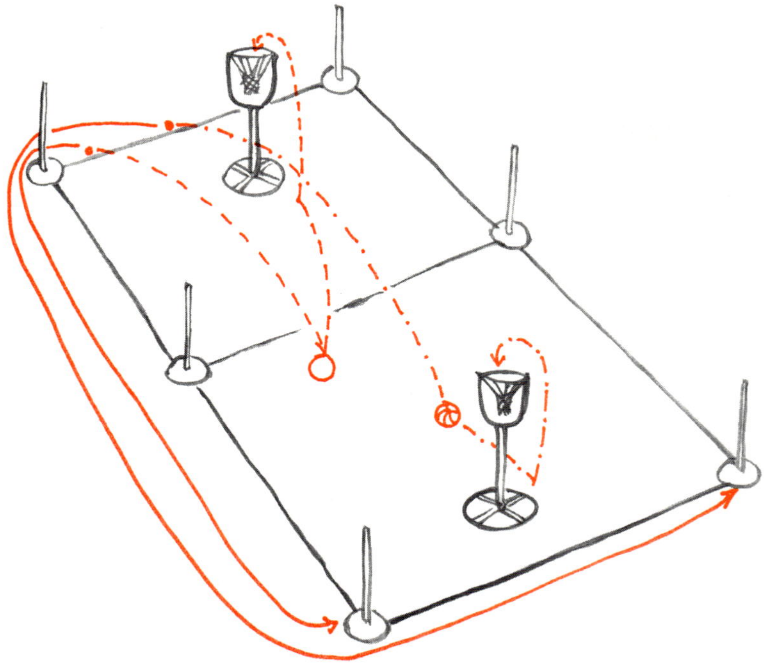

Basketball-Brennball

Spielbeschreibung: Grundidee und Spielfeldgröße: s. »Brennball«, S. 48. Die Werfermannschaft bildet Läuferpaare. Beide Läufer werfen je einen Basketball ins Spielfeld und laufen um das Spielfeld herum. Die Fänger werfen die Basketbälle den beiden »Brennern« zu, die versuchen müssen, einen Korberfolg zu erzielen. Beim zweiten Korberfolg wird gewertet.

Wertung: Jeder Korbtreffer zählt einen Punkt für die Fängermannschaft. Jeder Zieleinlauf der Werfer zählt einen Punkt. Eine Runde ohne Stopp an den Freimalen bei eigenem Wurf zählt 2 Punkte.

Variation: Die Läufer bekommen zu ihren Basketbällen noch 2 weitere Volleybälle. Nach Abwurf des Volleyballes wird mit dem Basketball das Spielfeld umdribbelt.

Tipps:

– Für die jüngeren Kinder empfiehlt es sich, Korbballständer im Spielfeld aufzustellen, ältere Kinder können die Basketballanlage benutzen, wobei darauf zu achten ist, dass der Laufweg der Werfermannschaft nicht unterhalb der Basketballanlage vorbeiführt.

– Je nach Altersstufe werden die Abwurfentfernungen variiert.

A B E

Was wird geschult?
Wurfkraft, Schnelligkeit, Wurfgenauigkeit, Geschicklichkeit

Klassenstufen: 4 – 6

Material: 2 Basketbälle, 2 Korbballständer

Ort: Sporthalle, Schulhof, Wiese

»Lauf mit« – Brennball

A B E

Was wird geschult? Schnelligkeit, Wurfkraft, Timing
Klassenstufen: 3 – 6
Material: 1 Tennisball, 6 – 8 Malstangen, 1 Reifen als Brennmal, Kreide oder Stift und Papier, Stoppuhr
Ort: Sporthalle, Schulhof, Wiese

Spielbeschreibung: Grundidee und Spielfeldgröße s. »Brennball«, S. 48. Zu Beginn eines Spieles bildet die Werfer-Mannschaft Läuferpaare, einer der beiden Läufer wirft, beide laufen gleichzeitig los. Sobald die beiden Läufer ihre Laufstrecke um das Spielfeld herum geschafft haben (sei es mit Aufenthalt an den Freimalen oder ohne Unterbrechung) und im Ziel sind, eilen sie sofort wieder an die Wurflinie, um beim Wurf eines folgenden Mitspielerpaares erneut mitzulaufen. Jeder Lauf eines jeden Spielers um das Spielfeld ergibt einen Punkt für die Läufermannschaft. Jeder Lauf ohne Unterbrechung bei eigenem Wurf ergibt 3 Punkte für die Läufermannschaft.
Ist ein Läufer »verbrannt«, begibt er sich zum zuletzt passierten Freimal zurück und läuft beim nächsten Wurf seines Mitspielers weiter. Hat jedes Kind der Werfer-Mannschaft einmal geworfen, so darf sich die Werfer-Mannschaft die folgenden Werfer aussuchen. Jeder Werfer muss nach seinem eigenen Wurf laufen, ebenso laufen alle Mitspieler, die das Ziel erreicht haben und wieder an der Wurflinie stehen, mit.
Variation: Jeder Werfer läuft nach eigenem Wurf und darf nach Erreichen des Zieles erneut starten.
Tipps: Da bei dieser Brennball-Variation nach 2 – 3 Minuten sehr viele Läufer unterwegs sind, ist es für das Gelingen des Spieles sehr wichtig, dass der Wurf des nächsten Mitspielers erst dann erfolgt, wenn alle »verbrannten« Spieler zum zuletzt passierten Freimal zurückgelaufen sind.
Die Spiele »Basketball-Brennball« und »Lauf mit – Brennball« sind sehr laufintensiv. Sie werden am besten »auf Zeit« gespielt, wobei sich eine Spieldauer von jeweils 5 – 7 Minuten bewährt hat.

Brennball mit Torwurf

A B E

Was wird geschult? Wurfkraft, Schnelligkeit, Fangsicherheit, Reaktionsvermögen
Klassenstufen: 4 – 6

Spielbeschreibung: Grundidee und Spielfeldgröße s. »Brennball«, S. 48. Die Werfermannschaft bildet Läuferpaare. Einer der beiden Läufer wirft einen Basketball ins Feld, der andere einen Handball. Beide versuchen, das Feld und das Handballtor, das am Feldrand aufgebaut ist, zu umlaufen. Die Fängermannschaft versucht, den Basketball in den Korb und den Handball ins Tor zu treffen. Die Abwurflinien werden je nach Alter und Leistungsstand der Klassen variiert. Torwart ist ein Spieler der Werferpartei.

Befinden sich noch Läufer auf der Strecke, nachdem ein Tor und ein Korberfolg erzielt wurden, sind die Läufer »verbrannt« und laufen zügig zum zuletzt passierten Freimal zurück. Dort warten sie auf die Würfe der nächsten beiden Werfer. Solange keine Tore bzw. Körbe erzielt werden, dürfen die Läufer weiterlaufen, wobei jeder Zieleinlauf einen Punkt für die Werfer zählt. Jeder Korberfolg und Tortreffer zählt je einen Punkt für die Fängermannschaft.

Auf das Tor und auf den Korb darf die Fängerpartei nach Abwurf der beiden Bälle höchstens je 5 x werfen. Wird dabei kein Treffer erzielt, erhalten die Fänger nicht die beiden Punkte. Die Bälle werden wieder an die Werferpartei gegeben.

Läufer, die schon geworfen haben, dürfen nach Zieleinlauf immer wieder mitlaufen (vgl. »Lauf mit«-Brennball).

Variation: Brennball mit Torschuss

Der Handball wird durch einen Fußball ersetzt, Torwarthandschuhe sind zu empfehlen. Es gelten dieselben Regeln wie für Brennball mit Torwurf. Statt des Handballwurfes erfolgt ein Torschuss mit dem Fußball.

Steht kein Tor zur Verfügung, kann auch eine an der Hallenwand befindliche Weichschaum- oder Niedersprungmatte als Tor benutzt werden. Der Laufweg führt vor der Torlinie entlang.

Material: 1 Basketball, 1 Handball, 1 Handballtor, 1 Basketballkorb, Markierungen für die Abwurflinien, Kreide und Tafel oder Stift und Papier, Stoppuhr

Ort: Sporthalle, Schulhof, Wiese

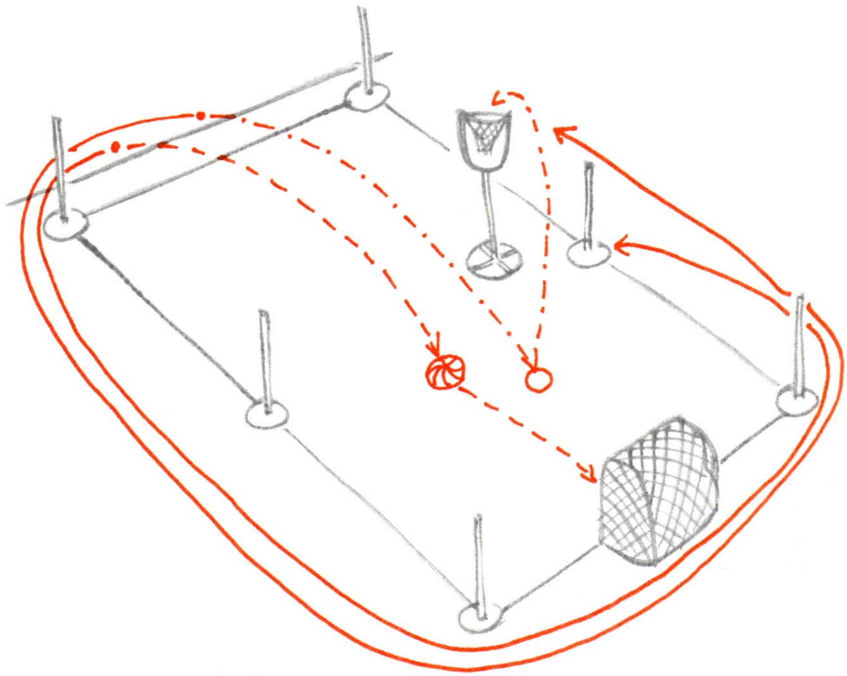

Zweifelderball oder Völkerball

A B E

Was wird geschult? Wurfkraft, Fangsicherheit, Wurfgenauigkeit, Reaktionsvermögen, Gewandtheit, Timing
Klassenstufen: 3 – 6
Material: 1 oder 2 Weichschaumbälle
Ort: Sporthalle, Sportplatz, Schulhof, Wiese

Spielbeschreibung: Vor Beginn des Spieles wird ein Spielfeld von 8 – 10 m x 12 – 16 m abgegrenzt.

Das Spielfeld ist durch eine Mittellinie in zwei gleichgroße Felder geteilt. Jede Mannschaft verteilt sich in ihrer Spielfeldhälfte und schickt einen Spieler als »Strohpuppe« hinter die gegenüberliegende Grundlinie. Die »Strohpuppe« hat von außerhalb des Feldes Abwurfrecht.

Beide Mannschaften versuchen, durch Abwerfen ihrer Gegner, deren Feld zu leeren. Ist ein Spieler getroffen, so muss er sein Feld verlassen, sich mit Abwurfrecht hinter die gegnerische Grundlinie stellen, um von dort Spieler aus dem gegnerischen Feld abzutreffen. Sind alle Spieler eines Feldes abgeworfen, so kommt deren Strohpuppe, die 3 Leben und Abwurfrecht hat, ins Feld.

Hat auch die Strohpuppe ihre 3 Leben verloren, ist das Spiel beendet. Es gewinnt also diejenige Mannschaft, die zuerst das gegnerische Feld geleert hat. Wird nach einer festgesetzten Spielzeit gespielt, gewinnt die Mannschaft, die nach Ablauf dieser Zeit noch die meisten Spieler im Feld hat.

Folgende Spielregeln erleichtern den Spielablauf:

1. Durch Fangen des Balles entweder direkt aus der Luft oder nachdem der Ball den Boden berührt hat (»Erdball«), kann sich eine Mannschaft in den Ballbesitz bringen und so wiederum versuchen, die gegnerische Partei abzuwerfen.
2. Nur direkte Treffer gelten. »Erdbälle« gelten nicht als Abwürfe.
3. Werden bei einem Abwurf 2 Spieler getroffen, braucht nur der zuerst getroffene Spieler das Spielfeld zu verlassen.
4. Trifft der Ball einen Spieler und gelingt es anschließend einem Mitspieler, diesen Ball aufzufangen, so gilt dieser Abwurf nicht.
5. Kopftreffer sind zu vermeiden und zählen nicht als Abwurf. Um Kopftreffer so gut wie möglich zu verhindern, ist es vielleicht hilfreich, die Regel einzuführen, nach der der Spieler selbst als abgeworfen gilt, der einen anderen Spieler am Kopf getroffen hat.
6. Übertritt ein Spieler die Spielfeldbegrenzungen, um dem Abwurf zu entgehen, gilt er entweder als getroffen oder er muss den Ball an die andere Partei abgeben.
7. Ein Treffer zählt ebenfalls nicht, wenn der Werfer beim Abwurf die Spielfeldgrenze übertritt.
8. Ein Ball darf nicht aus dem gegnerischen Spielfeld herausgenommen werden.

Variationen:

– Abgetroffene Spieler dürfen sich entweder hinter die gegnerische Grundlinie oder hinter die Seitenlinien des gegnerischen Feldes stellen und sich durch Abwurf eines gegnerischen Spielers wieder erlösen und in ihr Feld zurückkehren. Diese Variante gehört vielleicht sogar zum »Muss« eines Völkerball- oder Zweifelderballspiels, das den Kindern Spaß bereiten soll, denn kein Kind möchte schon gleich am Anfang abgeworfen werden und bis zum Spielende außerhalb des Feldes stehen, ohne die Chance zu haben, ins Spielgeschehen zurückkehren zu können.

Variation mit 2 Bällen: Erhöhte Konzentration, Umsicht und Reaktionsschnelligkeit fordert das Spiel mit 2 Bällen. Auch der Spielleiter muss bei dieser spannenden und schnellen Variante genauestens das Spiel verfolgen, will er Fehlentscheidungen vermeiden.

Zweifelderball oder Völkerball »verkehrt«

A B E

Was wird geschult? Wurfgenauigkeit, Wurfkraft, Kooperation, Fangsicherheit, Koordination, Timing
Klassenstufen: 3 – 6
Material: 1 oder 2 Weichschaumbälle
Ort: Sporthalle, Schulhof, Wiese

Spielbeschreibung: Diese Variante beginnt mit nur 2 Feldspielern, in jeder Spielfeldhälfte befindet sich einer. Jeder dieser beiden Feldspieler hat die Aufgabe, den Ball zu fangen, seiner Partei zuzuwerfen und dem Abwurf der gegnerischen Partei auszuweichen. Die übrigen Spieler verteilen sich an der Grundlinie und an den beiden Seitenlinien um das gegnerische Feld.
Gelingt es einem außerhalb des Feldes stehenden Spieler einen im Feld befindlichen gegnerischen Spieler abzutreffen, darf er ebenfalls in sein Feld wechseln, so dass nach und nach die Anzahl der Feldspieler zunimmt.
Gewonnen hat die Mannschaft, die als erste vollzählig im Feld ist.

Bei Treffer geht Weiß zu Weiß und Schwarz zu Schwarz.

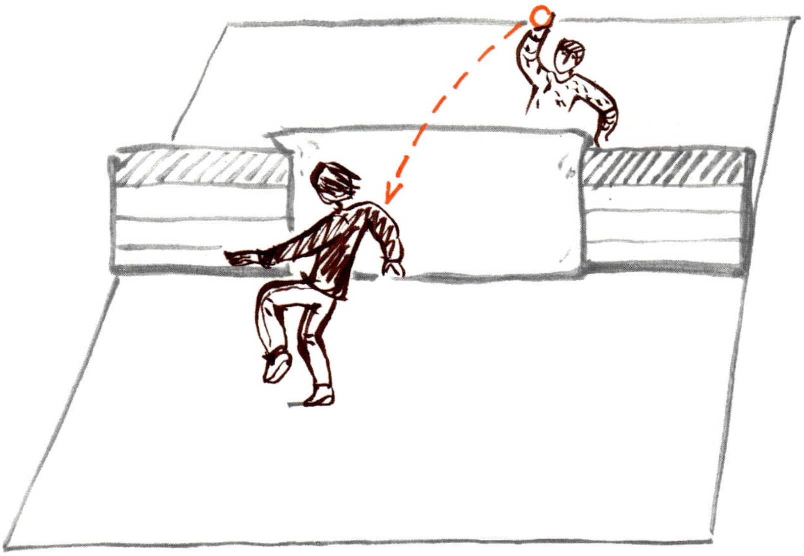

Mauer-Ball

Spielbeschreibung: Es wird ohne »Strohpuppe« gespielt. Die Spieler beider Mannschaften verteilen sich in ihrer Spielfeldhälfte. Zwischen den beiden Mannschaften auf der Mittellinie wird eine »Mauer« aufgebaut, die aus einer Weichbodenmatte besteht, die mit der Längsseite am Boden, zwischen 2 große Kästen eingeklemmt ist. Die Mannschaften müssen versuchen durch Würfe über den Weichboden die Spieler der anderen Partei abzutreffen. Abgeworfene Spieler wechseln das Feld, gehen also zu der Mannschaft, von der sie abgetroffen wurden. Die Weichbodenmatte darf von den Spielern nicht berührt werden.

Wertungsmöglichkeiten:

1. Das Spiel ist dann beendet, wenn in einem Feld keine Spieler mehr übrig geblieben sind.
2. Welche Mannschaft hat nach x Minuten die meisten Spieler in ihrer Spielfeldhälfte?

Tipps:

– Nach einer kurzen Eingewöhnungsphase mit 1 – 3 Bällen sollte die Anzahl der Bälle auf 5 – 6 erhöht werden, da auf diese Weise die Bewegungsintensität gesteigert wird und viele Wurfmöglichkeiten geschaffen werden.

– Nur die gerade werfenden Spieler dürfen sich unmittelbar vor der Weichschaummatte aufhalten.

A B E

Was wird geschult?
Reaktionsvermögen, Wurfkraft, Gewandtheit
Klassenstufen: 5 – 6
Material: 2 – 6 Weichschaumbälle, Trillerpfeife
Ort: Sporthalle

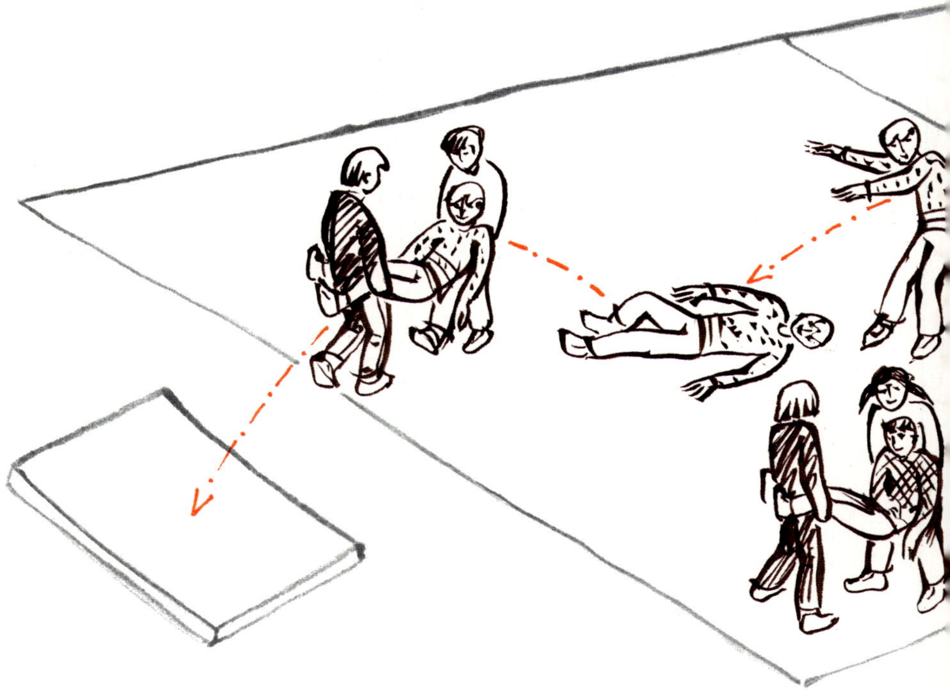

Sanitäter-Ball

A B E

Was wird geschult?
Wurfgenauigkeit, Fangsicherheit, Reaktionsvermögen, Sozialkompetenz, Wurfkraft, Timing

Klassenstufen: 3 – 6

Material:
6 Weichschaumbälle, 2 Weichbodenmatten

Ort: Sporthalle

Spielbeschreibung: Ein Spielfeld von 8 – 10 m x 12 – 16 m wird abgegrenzt und von einer Mittellinie geteilt. Jede Mannschaft verteilt sich in ihrer Spielfeldhälfte. Es gibt keine »Strohpuppen«. Der Ball, der über die Grundlinien oder die Seitenlinien eines Feldes geworfen wird, darf von der Mannschaft, die in diesem Feld steht, geholt und weitergespielt werden.
Jede Mannschaft erhält 3 Weichschaumbälle. Die Parteien versuchen nun, möglichst viele Spieler im gegnerischen Feld abzutreffen. Jeder getroffene Spieler lässt sich sofort zu Boden fallen und wartet auf 2 Mitspieler, die als »Sanitäter« tätig werden und den abgetroffenen Mitspieler auf die Weichbodenmatte (»ins Krankenhaus«) am Spielfeldrand (hinter der Grundlinie) tragen und dort abladen. Kaum liegt der abgetroffene Spieler »im Krankenhaus«, ist er wieder geheilt, also erlöst. Die Sanitäter dürfen während ihrer Erlösungstätigkeit nicht abgetroffen werden. Das gilt aber erst, sobald beide Sanitäter den zu Erlösenden berühren.

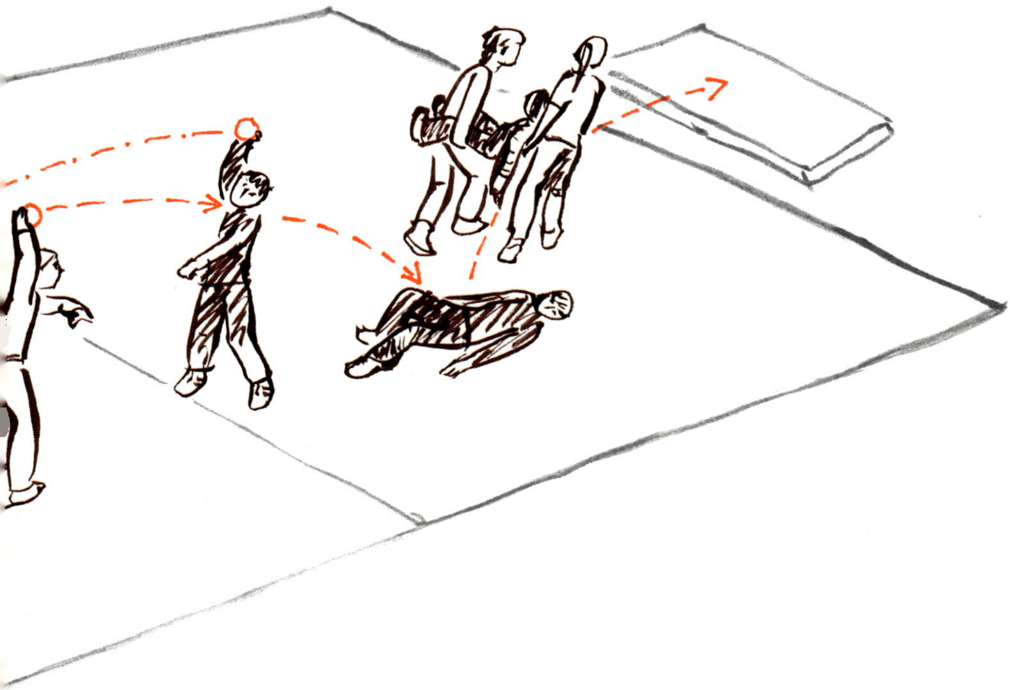

Wertungsmöglichkeiten: Welche Mannschaft hat nach x Minuten die meisten gesunden Feldspieler? Welche Mannschaft schafft es, alle Spieler der Gegenpartei abzutreffen?

Variation: Der Abgetroffene bleibt so lange auf der Weichbodenmatte (»im Krankenhaus«), bis ein neuer Patient eingeliefert wird.

Tipps:

– Kopftreffer zählen nicht als Abwurf. Nur ein direkt geworfener Ball, also ohne Bodenberührung, ist ein Treffer. »Erdbälle« zählen nicht.

– Übertritt ein Spieler mit Ball die Spielfeldgrenze, muss er den Ball an die Gegenpartei abgeben. Infolgedessen zählt ein Treffer nicht bei Übertretung der Markierungslinie bei Abwurf.

– Werden beim Abwurf 2 Spieler getroffen, so fällt nur der zuerst getroffene Spieler um. Wird ein Spieler getroffen, der Ball aber ohne Bodenberührung von einem anderen Mitspieler aufgefangen, so gilt dieser Treffer nicht. Aus dem gegnerischen Spielfeld dürfen keine Bälle genommen werden.

Bring den Ball zum Springen!

A B E

Was wird geschult? Geschicklichkeit, Koordination
Klassenstufen: 1 – 4
Material: pro Kind 1 Ball
Ort: Sporthalle

Spielbeschreibung: Jedes Kind erhält einen Ball und sucht sich einen geeigneten Platz in der Sporthalle. Dort nimmt es die Hockstellung ein. Nun besteht die Aufgabe darin, den auf dem Boden ruhenden Ball so lange zu »beklopfen«, bis er springt. Wem gelingt das? Wessen Ball springt dabei am höchsten?
Variation: Den Ball aus verschiedenen Ausgangssituationen zum Springen bringen, z. B.:
– aus der Bauchlage
– aus der Seitenlage (links und rechts).

Wie lange springt der Ball?

A B E

Was wird geschult? Geschicklichkeit, Schnelligkeit, Koordination
Klassenstufen: 1 – 4
Material: 4 Bälle
Ort: Sporthalle

Spielbeschreibung: Die Klasse wird in 4 Gruppen eingeteilt. Jede Gruppe stellt sich in einer Reihe auf und erhält einen Ball. Die Aufgabe für die Kinder besteht darin, den Ball nacheinander abwechselnd auf den Boden zu prellen, sie dürfen ihn aber zwischendurch nicht auffangen. Das erste Kind prellt den Ball, rückt aus der Reihe heraus und stellt sich hinten an.
In der Zwischenzeit muss das nächste Kind den Ball erneut auf den Boden prellen. Auch dieses Kind tritt aus der Reihe heraus und stellt sich hinten an. Das Spiel wiederholt sich, bis der Ball am Boden liegen bleibt oder die vorgegebene Spielzeit abgelaufen ist. Jedes Kind darf pro Versuch nur einmal auf den Ball schlagen! Sieger ist die Gruppe, deren Ball am längsten springt.

Prell-Gasse

Spielbeschreibung: Die Kinder stellen sich paarweise im Abstand von etwa 2 – 3 m einander zugewandt auf, wobei alle Paare gemeinsam eine Gasse bilden. Der Abstand der nebeneinander stehenden Kinder sollte ca. 1 – 2 m betragen. Jedes Paar erhält einen Ball. Nun sollen sich die Paare den Ball mindestens 10-mal zuprellen, der Ball darf jedoch nur einmal den Boden berühren.
Variation: Die Kinder prellen sich die Bälle zu. Währenddessen versuchen 2 Kinder durch die Gasse zu laufen, ohne von den Bällen getroffen zu werden.

A B E

Was wird geschult?
Geschicklichkeit, Koordination
Klassenstufen: 1– 4
Material: pro Paar 1 Ball
Ort: Sporthalle

Leinenprellball

Spielbeschreibung: Die Kinder der Klasse stellen sich paarweise gegenüber mit einem Abstand von 2 – 4 m auf. Jedes Paar erhält einen Ball. In der Mitte der Gasse wird etwa in Kniehöhe eine Schnur gespannt. Nun besteht die Aufgabe für die Kinder darin, sich den Ball mit den Händen prellend zuzuspielen.
Der Ball darf nur einmal auf der gegenüberliegenden Seite (hinter der Schnur) aufspringen, muss dann sofort zurückgespielt werden.
Wertungsmöglichkeiten: Wie viele Wiederholungen schafft jedes Paar in einer vorgegebenen Zeit? Welches Paar macht zuletzt einen Fehler?
Variation: Die Kinder spielen sich den Ball mit den Füßen zu.

A B E

Was wird geschult?
Reaktionsvermögen, Geschicklichkeit, Konzentration
Klassenstufen: 3 – 4
Material: pro Paar 1 Ball, Gummiband, Zauberschnur, Hochsprungständer oder Malstangen
Ort: Sporthalle

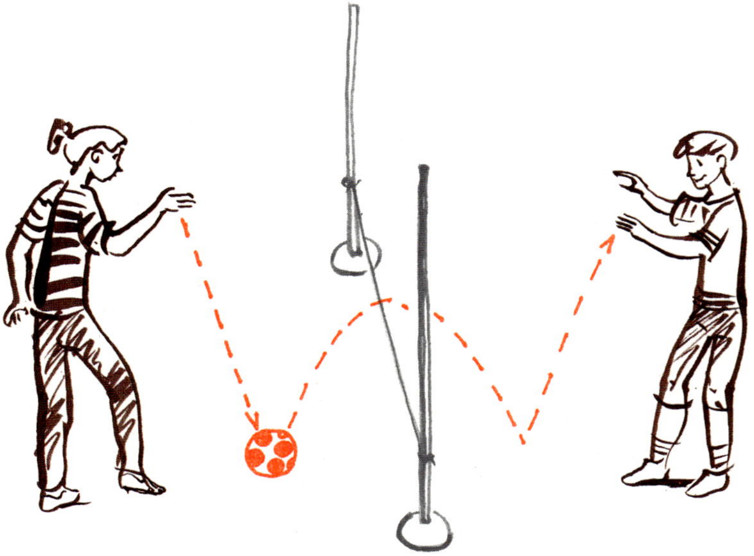

Wettprellball

A B E

Was wird geschult?
Geschicklichkeit, Reaktionsvermögen, Konzentration, Ausdauer
Klassenstufen: 1 – 4
Material: 2 Bälle
Ort: Sporthalle

Spielbeschreibung: Die Klasse wird in 2 Mannschaften eingeteilt. Jede Mannschaft bildet eine Gasse. Die Kinder stehen sich etwa im Abstand von 2 m gegenüber. Jede Gruppe erhält einen Ball.
Auf ein Zeichen des Spielleiters prellt das erste Kind in der Gasse seinem Gegenüber den Ball zu. Dieser fängt den Ball auf und prellt ihn anschließend zum zweiten Kind der gegenüberliegenden Seite zurück. So wird der Ball im Zick-Zack durch die Gasse hin und zurück geprellt, bis er wieder beim ersten Kind ankommt. Dann setzen sich alle schnell in den Schneidersitz. Die Mannschaft, die zuerst sitzt, ist Sieger.
Variation: Während die eine Mannschaft sich den Ball zuprellt, läuft die andere um ein markiertes Spielfeld herum. Wie viele Runden schafft die Läufermannschaft in der Zeit, in der die andere Mannschaft den Ball durch die Gasse schickt?

Weitere Spielformen:
Spiegelprellen: 2 Kinder stehen sich gegenüber. Jedes Kind erhält einen Ball. Kind A macht eine Übung vor, Kind B versucht, die Übung genau nachzuahmen. Nach einer Minute können die Rollen gewechselt werden.
Schattenprellen: 2 Kinder stehen hintereinander. Jedes Kind erhält einen Ball. Das vordere Kind A geht mit dem Ball prellend durch die Halle. Kind B folgt ihm wie ein Schatten und wiederholt alle Bewegungen des Vordermanns.

Tunnelbauer

A B E

Was wird geschult?
Kraft, Ausdauer, Geschicklichkeit
Klassenstufen: 2 – 4
Material: Medizinbälle (1 oder 2 kg), Turnbänke
Ort: Sporthalle

Spielbeschreibung: Die Klasse wird in 4 – 5 Mannschaften eingeteilt. Jede Mannschaft hat die Aufgabe, einen Tunnel zu bauen, durch den man etwas hindurchrollen oder -kriechen kann. Die Kinder jeder Mannschaft sitzen eng nebeneinander vor der Bank. Die Füße liegen auf der Bank, die Arme werden in Schulterbreite neben dem Körper aufgestützt. Ein Kind sitzt in der tiefen Hocke, mit dem Medizinball, an der Stirnseite der Bank.
Auf den Zuruf: »Tunnel auf!«, heben alle Kinder das Gesäß soweit an, dass sich der Körper in der Waagerechten befindet (Liegestütz rücklings). Jetzt rollt das Kind von der Stirnseite den Ball durch den Tunnel hindurch. Rollt der Ball aus dem Tunnel heraus oder bleibt hängen, muss er in den Tunnel zurückgebracht bzw. wieder zum Rollen gebracht werden.
Kommt der Ball beim letzten Kind des Tunnels an, nimmt dieses den Ball auf und läuft damit zur Stirnseite vor. In dieser Zeit reiht sich das Kind, welches zuerst gerollt hat, in den Tunnel ein und die anderen machen eine kleine Pause. Das Kommando: »Tunnel auf!« kommt ab diesem Zeitpunkt immer von dem Kind, das rollen darf. Sieger ist die Mannschaft, bei der jedes Kind einmal den Ball durch den Tunnel gerollt hat.

Variationen:
– Der Tunnel wird nicht durch den Liegestütz rücklings, sondern durch den Liegestütz vorlings gebaut. Dabei liegt nur der Fußrist jedes Kindes auf der Turnbank auf. Vor der Öffnung des Tunnels befinden sich die Kinder in der Bankstellung.
– In der 3. und 4. Klasse können, statt des Balles, Kinder durch den Tunnel kriechen. Bei dieser Spielform müssen die Kinder nicht zur Stirnseite vorlaufen. Wer durchgekrochen ist, reiht sich hinten in den Tunnel ein.

Gassenrollball

A B E

Was wird geschult? Geschicklichkeit, Kraft, Ausdauer, Konzentration, Reaktionsvermögen
Klassenstufen: 1 – 4
Material: 4 Bälle
Ort: Sporthalle

Spielbeschreibung: Die Klasse wird in 4 gleichgroße Mannschaften eingeteilt. Die Kinder jeder Gruppe stellen sich hintereinander an einer markierten Linie auf. Der Abstand zwischen den Gruppen beträgt etwa 3 m.
Auf ein Zeichen des Spielleiters gehen alle Kinder in den Liegestütz vorlings und bilden so eine »hohle Gasse«. Der erste und letzte Spieler jeder Mannschaft bleibt stehen. Nach dem Startsignal rollt jeweils das erste Kind den Ball durch die Gasse hindurch, reiht sich anschließend in die Gasse ein. Das letzte Kind hebt den Ball auf und läuft mit ihm hinter der Gasse entlang nach vorn. Nun wird der Ball erneut durch die Gasse gerollt. Ist der Ball unter den Kindern hindurch gerollt, können sie sich kurzzeitig auf den Bauch legen und ausruhen.
Das Spiel wiederholt sich so lange, bis jedes Kind einmal den Ball gerollt und getragen hat.
Variationen:
– Gleicher Spielinhalt – jedoch gehen die Kinder in den Liegestütz rücklings.
– Alle Kinder sitzen im Strecksitz nebeneinander und auf ein Zeichen werden die Beine gestreckt angehoben (Schwebesitz) und der Ball anschließend darunter hindurch gerollt.
– Die Kinder stehen alle im Grätschstand hintereinander und der Ball wird duch die Beine gerollt.
– Die Kinder stehen alle im Grätschstand hintereinander, der Ball wird durch die Beine hindurchgerollt. Anschließend kriecht das Kind, welches den Ball rollen durfte, auch durch den Tunnel hindurch und stellt sich vorne an. Nun wird der Ball von vorne über die Köpfe hinweg nach hinten durchgegeben und ein neuer Durchgang kann beginnen.

Slalomball

A B E

Was wird geschult? Geschicklichkeit, Koordination, Schnelligkeit
Klassenstufen: 1 – 4
Material: 4 Bälle, 4 Gymnastikstäbe oder 4 Keulen
Ort: Sporthalle

Spielbeschreibung: In einer Mannschaft befinden sich etwa 6 – 8 Kinder. Diese stellen sich in einem Abstand von je 1 m in einer Reihe auf (Stellen markieren). Das erste Kind jeder Reihe beginnt nach dem Startsignal des Spielleiters den Ball mit den Füßen (Händen) im Slalom um die Kinder herumzurollen. Am Ende angekommen, wird der Ball an der Reihe vorbeigerollt. Das nun folgende Kind nimmt den Ball auf und setzt das Spiel fort. Vorher rücken alle Kinder einen Platz nach vorne auf.
Das Spiel wiederholt sich so lange, bis das erste Kind wieder vorne steht.

Variationen:
– Die Kinder rollen den Ball mit Hilfe eines Gymnastikstabes oder einer Keule um die Kinder herum, tippen dann das letzte Kind in der Reihe an, übergeben Ball und Keule und laufen mit ihm gemeinsam an den Anfang der Reihe zurück. Alle Kinder treten einen Schritt zurück – auf den nächsten Platz.
Das Spiel setzt sich so lange fort, bis das erste Kind angetippt wird und mit nach vorn laufen muss.
– Die Kinder stehen im Grätschstand in einem Abstand von je 1 m hintereinander. Jeweils das erste Kind rollt den Ball in Form einer 8 um die Füße herum und anschließend durch die Beine hindurch zum nächsten Kind. Kommt der Ball beim letzten Kind der Reihe an, führt dieses die Rollbewegung nicht mehr aus, sondern läuft schnell mit dem Ball an den Anfang der Reihe. Währenddessen treten alle Kinder der Gruppe einen Schritt zurück auf den nächsten Platz. Das Spiel wiederholt sich so lange, bis alle Kinder der Gruppe wieder auf ihrem Ausgangsplatz stehen. Welche Mannschaft rollt am geschicktesten?

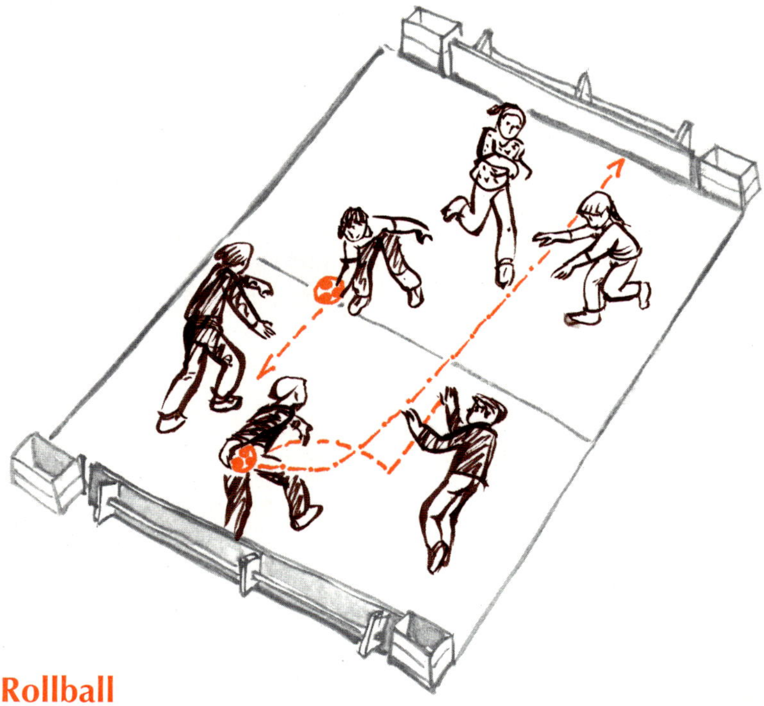

Rollball

A | B | E

Was wird geschult? Geschicklichkeit, Reaktionsvermögen, Konzentration
Anzahl der Spieler: 8 bis 20 Spieler in 2 Mannschaften
Klassenstufen: 3 – 6
Material: 1 oder mehrere Bälle
Ort: Sportplatz, Sporthalle, Schulhof

Spielbeschreibung: Die beiden Mannschaften stehen sich in ihren Spielfeldhälften gegenüber. Das Spielfeld hat eine Größe von ca. 20 x 15 m. Auf ein Zeichen des Spielleiters beginnt das Spiel. Der Ball kann auch eingerollt werden. Die Spieler versuchen, den Ball mit der Hand so zu spielen, dass er durch die gegnerische Hälfte rollt oder springt und eine hintere Markierung (Linie, Turnbänke, Band o. ä.) erreicht. Der Ball muss mindestens einmal Bodenkontakt haben. Die Abwehr des Balles kann mit allen Körperteilen erfolgen. Innerhalb der Mannschaft kann der Ball dreimal abgegeben werden.

Wertung: Die Mannschaft erhält einen Punkt, wenn die hintere Markierung des gegnerischen Spielfeldes erreicht ist. Der Spielleiter legt eine Höchstpunktzahl fest, oder es wird nach Zeit gespielt.

Variationen:

– Zur Markierung der Mittellinie kann auch eine Schnur in ca. 1 m Höhe gespannt werden, die nicht berührt werden darf. Ansonsten bekommt die gegnerische Mannschaft einen Punkt.

– Es kann mit mehreren Bällen gespielt werden. Das Spiel eignet sich sehr gut für ein Turnier, das nach einem Spielplan über mehrere Stunden ausgetragen werden kann.

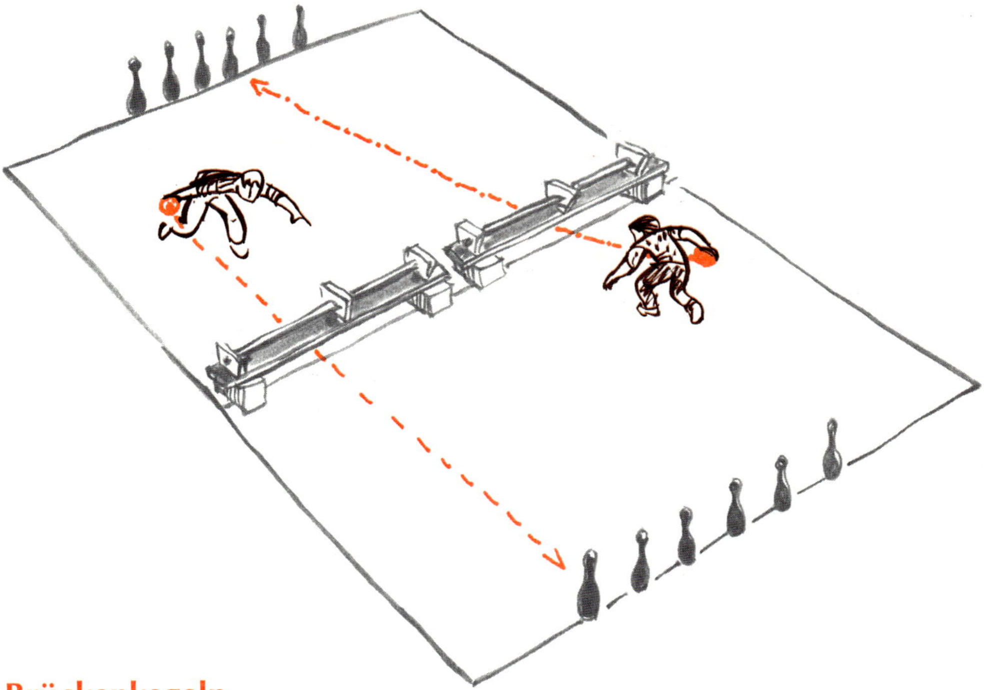

Brückenkegeln

Spielbeschreibung: Die Klasse wird in 2 Mannschaften eingeteilt. Als Spielfeldbegrenzung gilt das Volleyballfeld. Auf der Mittellinie stehen 3 – 4 Turn- bzw. Sprunghocker oder kleine Kästen, auf diesen liegen umgedrehte Turnbänke, die eine Brücke bilden.

Auf der hinteren Linie jeder Spielfeldhälfte stehen 6 – 8 Keulen. In jeder Spielfeldhälfte befindet sich eine Mannschaft mit ca. 12 – 14 Kindern, jedes Kind erhält einen Ball. Auf ein Zeichen des Spielleiters versucht jede Mannschaft, die Keulen der gegnerischen Partei umzukegeln. Dabei dürfen die Bälle nur durch die Brücke hindurchgerollt werden. Jede Mannschaft darf ihre Keulen indirekt verteidigen, indem sie die Bälle mit Füßen und Händen stoppt und zurückrollt.

Es ist aber nicht erlaubt, sich direkt vor die Keulen zu stellen. Bälle, die aus dem Spielfeld herausrollen, werden schnell ins Spiel zurückgeholt. Sieger ist die Mannschaft, die zuerst alle Keulen oder die in einer vorher vorgegebenen Zeit die meisten Keulen umgekegelt hat.

Tipps: Dieses Spiel ist sehr bewegungsintensiv und verlangt eine gute Rolltechnik. Der Spielleiter sollte darauf achten, dass Angreifer und Verteidiger nach jedem Spieldurchgang wechseln.

A B E

Was wird geschult?
Geschicklichkeit,
Ausdauer,
Konzentration,
Reaktionsvermögen

Klassenstufen: 2 – 4

Material: 3 – 4 Turn- bzw. Sprunghocker oder kleine Kästen,
2 Turnbänke,
20 – 30 Bälle,
12 – 16 Keulen

Ort: Sporthalle

Kreiskegeln mit Wache

A B E

Was wird geschult? Konzentration, Reaktionsvermögen, Geschicklichkeit
Klassenstufen: 1 – 4
Material: 4 Gymnastikreifen, 16 Keulen, 4 Bälle
Ort: Sporthalle

Spielbeschreibung: Die Klasse wird in 4 Gruppen eingeteilt. Jede Gruppe bildet einen Innenstirnkreis. In der Mitte des Kreises liegt ein Reifen, in dem 4 Keulen aufgestellt sind. Die Kinder stehen etwa 2,50 m vom Reifen entfernt. Aus der Gruppe wird ein Kind als Keulenwächter bestimmt. Dieses Kind tritt in die Mitte des Kreises und versucht, durch geschickte schnelle Bewegungen zu verhindern, dass die anderen Kinder der Gruppe die Keulen umkegeln. Jede Gruppe erhält einen Ball.
Das Spiel gilt als beendet, wenn alle Keulen umgekegelt wurden. Es kann aber auch nach einer vorgegebenen Spielzeit beendet werden, dann wird die Anzahl der Keulen bestimmt, die gerettet wurden. Sieger ist derjenige, der die meisten Keulen vor dem Umfallen bewahren konnte.

Tipps:
– Dieses Spiel können die Kinder selbstständig in den Gruppen ausführen. Zumeist spielen sie es so lange, bis jedes Kind einmal Keulenwächter sein durfte.
– Achtung! Umgerollte Keulen rutschen mitunter aus dem Reifen heraus und stellen eine Gefahrenquelle für die Kinder dar. Weisen Sie die Kinder vor Spielbeginn darauf hin, dass das Spiel in solchem Fall kurz unterbrochen wird, bis die Keule im Reifen liegt. Erst dann geht es weiter!

Keulenslalom

A B E

Was wird geschult? Geschicklichkeit, Konzentration
Klassenstufen: 3 – 4
Material: pro Mannschaft 1 Ball und 6 – 8 Keulen
Ort: Sporthalle

Spielbeschreibung: Vor Beginn werden 4 Mannschaften gebildet. Die 6 – 8 Keulen werden vor jeder Mannschaft in einem Abstand von je 1 m in einer Reihe aufgestellt. Auf das Startsignal beginnt jeweils das erste Kind jeder Mannschaft den Ball um die Keulen herumzurollen, ohne dass die Keulen umfallen. Passiert es dennoch, werden die Keulen sofort wieder aufgestellt. Auf dem Rückweg wird der Ball an der Keulenreihe vorbeigerollt.

Variationen:
– Rollen mit den Händen oder Füßen
– mit einem Gymnastikstab
– vorwärts- oder rückwärts rollen
– auch auf dem Rückweg werden die Keulen umrollt
– Die Keulen werden im Kreis aufgestellt (besonders schwierig, eher für Kinder der 4. Klasse geeignet).

Werfen mit dem Schweifball

Das Werfen mit Schweifbällen ist für die Kinder äußerst motivierend, da dieses Wurfgerät durch seinen verlangsamten Flug, den flatternden Schweif und das schwirrende Geräusch eine große Faszination auf die Kinder ausübt.
Schweifbälle können ganz einfach aus gebrauchten Tennisbällen und Baustellenband hergestellt werden. Dazu wird der Tennisball mit einem scharfen Messer (am besten mit einem Teppichmesser) ungefähr einen Zentimeter lang eingeschnitten. In den Spalt wird das deutlich mit einem Knoten versehene Baustellenband, das etwa 40 cm lang ist und aus 2 bis 4 Streifen besteht, hineingedrückt. Fertig! Für eine feste Verbindung sorgt die Außenhaut des Balles.
Es ist darauf zu achten und hinzuweisen, dass die Kinder den Ball nicht am Baustellenband (Schweif) schleudern, da das Band sich dadurch wieder aus dem Ball löst.
Da die Bälle durch ihren bremsenden Schweif nicht so weit wegrollen, lassen sich die Schweifbälle sehr gut im Freien einsetzen. Schweifbälle sind als »Space-Balls« im Handel erhältlich. Der »Space-Ball« hat einen Durchmesser von 70 mm, besteht aus Kunststoff, ist leichter als ein Tennisball, erfahrungsgemäß für die Kinder aber nicht so attraktiv wie ein selbst hergestellter Schweifball.

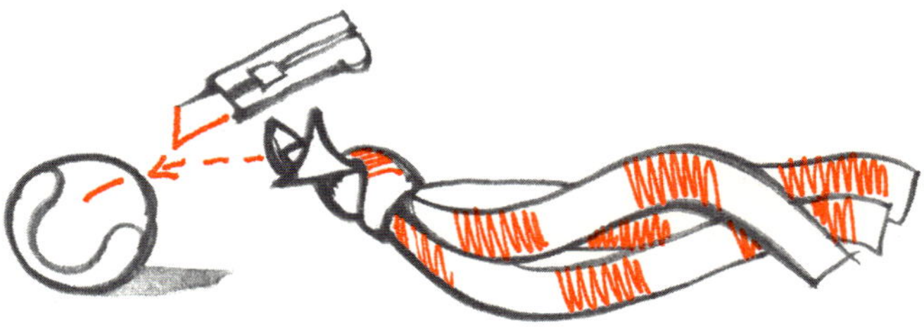

So wird ein Schweifball selbst gebaut.

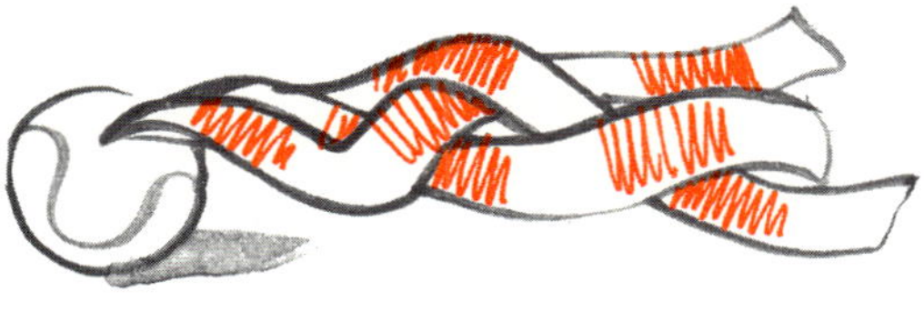

Schweifball-Weitwurf als Partnerspiel

A B E

Was wird geschult? Wurfkraft, Wurfgenauigkeit, Konzentration, Materialerfahrung
Klassenstufen: 1 – 6
Material: Schweifbälle, Gymnastikreifen oder Fahrradmäntel, Markierungskegel
Ort: Sporthalle, Schulhof

Spielbeschreibung: 2 gegenüberstehende Partner werfen sich den Schweifball zu
a) mit der rechten Hand
b) mit der linken Hand

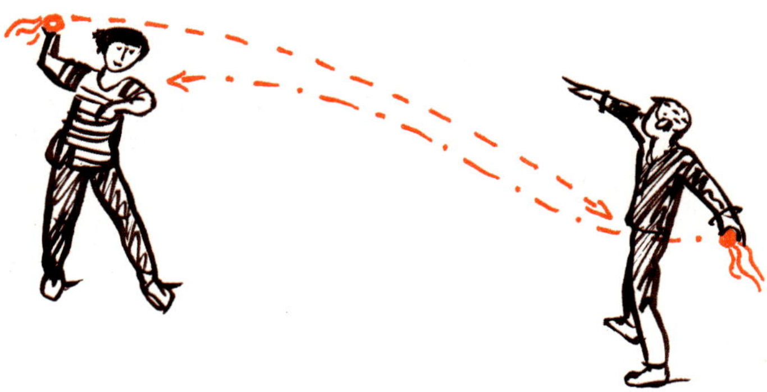

Jeder Partner legt vor sich als Bodenziel einen Fahrradmantel oder einen Gymnastikreifen (Abstand der Bodenziele je nach Alter der Spieler variieren). Die Partner werfen den Schweifball in den jeweils gegenüberliegenden Fahrradmantel oder Reifen (mit der rechten und mit der linken Hand). Wer geworfen hat, wechselt schnell zum gegenüberliegenden Reifen.

Reifen-Rennen

Spielbeschreibung: Die Mannschaften stehen hinter einer Linie. Jede Mannschaft bekommt mehrere Schweifbälle, die sie nach ihren Würfen immer wieder einsammelt. Geworfen wird der Reihe nach, bei jedem Durchgang pro Spieler je ein Wurf. In einer Entfernung von ca. 10 m (dem Alter der Schüler entsprechend) liegen für jede Mannschaft 3 Reifen als Bodenziele hintereinander aus. Bei einem Treffer wird der vorderste Mantel (aus Sicht der Mannschaft) nach hinten unmittelbar an die anderen Reifen herangelegt. Welche Mannschaft hat mit einem Fahrradmantel bzw. Gymnastikreifen zuerst die Ziellinie erreicht?

A B E

Was wird geschult? Wurfgenauigkeit, Wurfkraft, Geschicklichkeit, Konzentration, Koordination
Klassenstufen: 3 – 6
Material: Fahrradmäntel oder Gymnastikreifen, Schweifbälle
Ort: Sporthalle, Schulhof

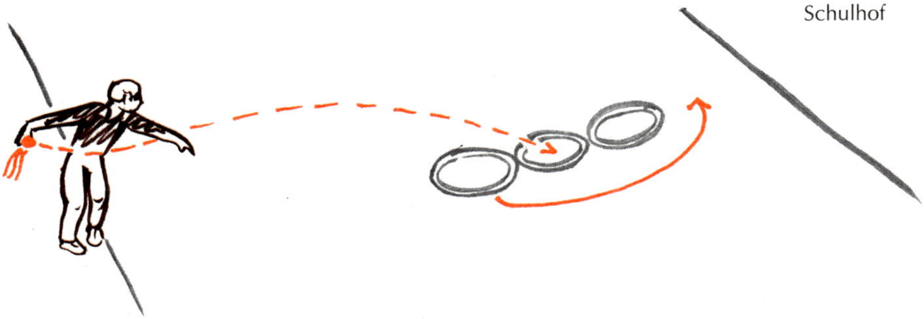

Punkte – Sammelspiel

Spielbeschreibung: Fahrradmäntel oder Gymnastikreifen werden als Bodenziele ausgelegt, wobei der Abstand zur Grundlinie je nach Altersstufe variiert wird. Die Reifen werden mit verschiedenen Punktzahlen belegt. Welche Mannschaft erzielt in einer bestimmten Zeit die höchste Punktzahl?

A B E

Was wird geschult? Geschicklichkeit, Kraft, Konzentration
Klassenstufen: 1 – 6
Material: Fahrradmäntel oder Gymnastikreifen, Schweifbälle, Kreide
Ort: Sporthalle, Schulhof

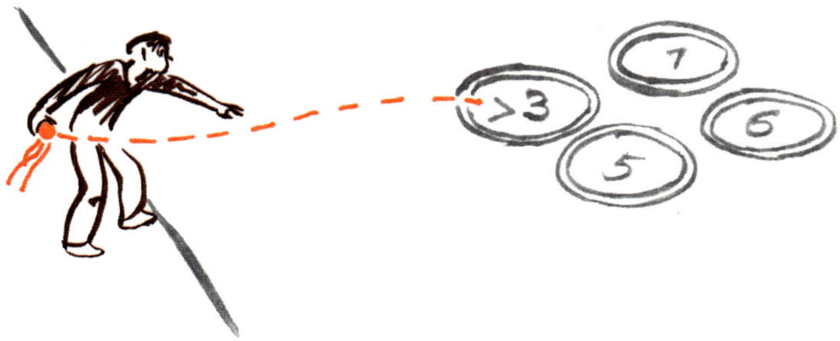

Kartons oder Hütchen abtreffen

A B E

Was wird geschult? Wurfgenauigkeit, Wurfkraft, Geschicklichkeit, Reaktionsvermögen, Konzentration
Klassenstufen: 1 – 6
Material: Schweifbälle, Bananenkartons oder Markierungskegel, 3 Langbänke, Trillerpfeife
Ort: Sporthalle

Spielbeschreibung: Die Klasse bildet 3 Mannschaften, als Wurfziele dienen Hütchen oder Kartons. Jede Mannschaft baut ihre Hütchen oder Kartons in vorher festgelegter Wurfentfernung auf einer Langbank auf. Die Mannschaften stehen ihrer Langbank gegenüber hinter einer Wurflinie, jeder Spieler hat mindestens einen Schweifball (je nach Anzahl vorhandener Bälle). Auf Pfiff des Spielleiters sollen die Hütchen oder Kartons von der Bank geworfen werden. Die Bälle werden bei jedem Durchgang erst nach Pfiff des Spielleiters eingesammelt, wobei auch Bälle von den anderen Mannschaften eingesammelt werden dürfen. Auf einen erneuten Pfiff des Spielleiters geht's nach dem Einsammeln der Bälle weiter. Wer hat zuerst die Kartons oder Hütchen seiner Bank abgetroffen? Diese Mannschaft setzt sich hin und wartet, bis die anderen Mannschaften ebenfalls alle Hütchen oder Kartons von der Bank geworfen haben.

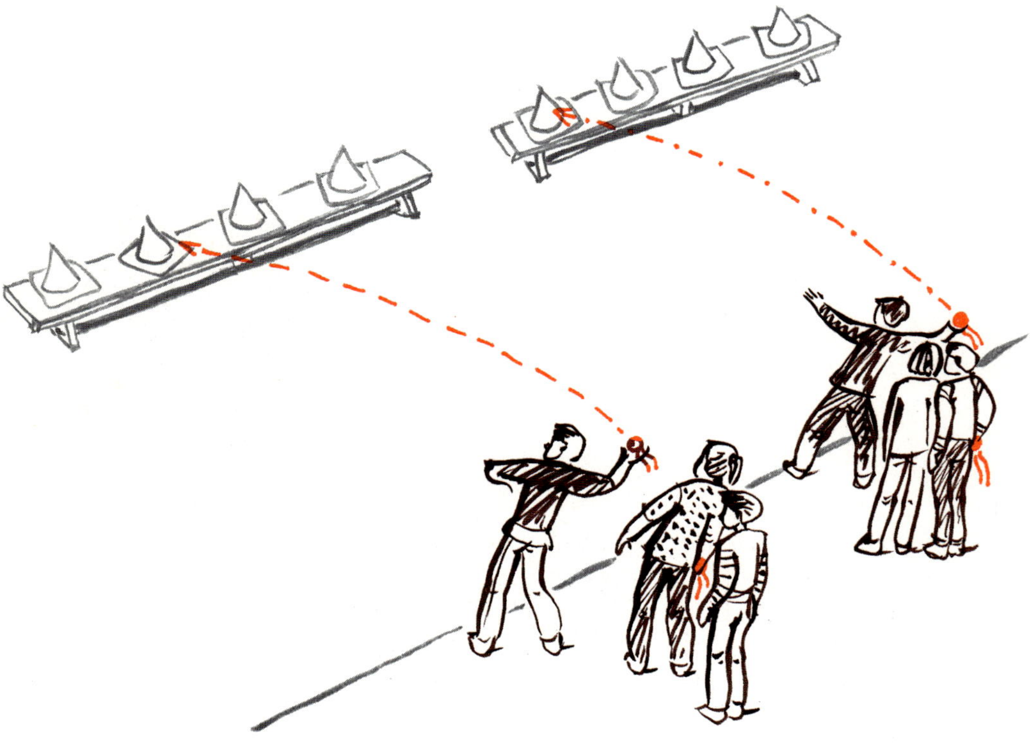

Abtreff-Staffel

A B E

Was wird geschult? Schnelligkeit, Wurfgenauigkeit, Koordination, Wurfkraft, Kooperation
Klassenstufen: 1 – 6
Material: Schweifbälle, Bananenkartons oder Markierungskegel, 3 Langbänke, Trillerpfeifen
Ort: Sporthalle, Schulhof

Spielbeschreibung: So viele Kartons oder Hütchen (Markierungskegel) wie Mannschaftsmitglieder befinden sich hinter einer Linie. Sie können entweder gestapelt oder hintereinander aufgestellt werden. Nach einem Startzeichen wird von jedem Spieler bei jedem Sprint ein Karton bzw. eins der Hütchen abgebaut, einzeln zur Bank getragen und dort nebeneinander aufgestellt. Ist die Gruppe mit den Sprints fertig, fängt sie an, auf die Kartons oder Hütchen zu werfen.
Einsammeln darf die Gruppe nur ihre eigenen Bälle und auch immer erst dann wieder, wenn kein Kind einen Ball mehr hat.
Die Gruppe, die auf diese Art und Weise alle Hütchen oder Kartons von der Bank geworfen hat, sammelt sie Sprint um Sprint wieder ein und stapelt sie. Wer fertig ist, setzt sich hin.
Wertungsmöglichkeit: Die Mannschaft, die zuerst sitzt, hat gewonnen.

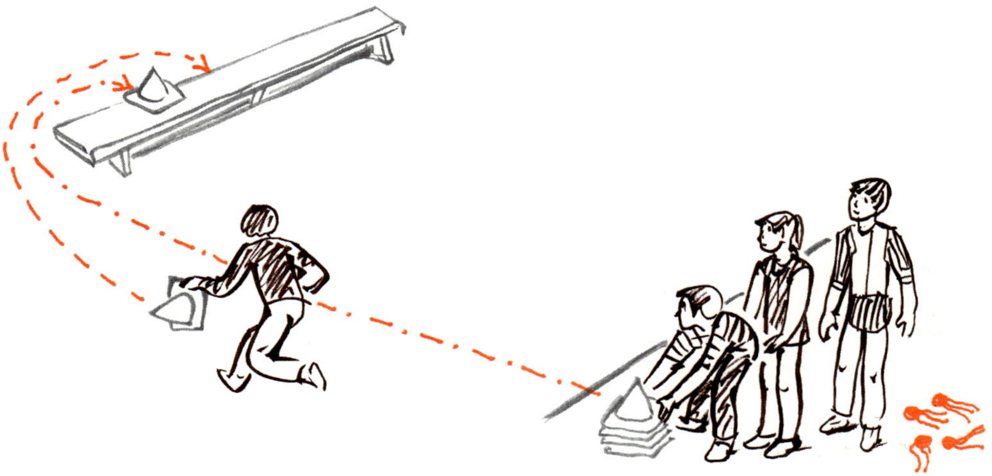

Tipps:
– Dieses Spiel sollte erst nach Einführung des Spiels »Kartons oder Hütchen abtreffen« gespielt werden.
– Da die Kinder sich beim Abwerfen nebeneinander stellen, muss ihnen vor Spielbeginn genau erklärt werden, dass sie zum Einsammeln und Stapeln der Kartons wieder ihre Ausgangsposition einnehmen müssen, sobald alle Kartons und Hütchen abgetroffen sind.

Reifen treffen

A B E

Was wird geschult? Wurfgenauigkeit, Wurfkraft, Koordination, Konzentration
Klassenstufen: 1 – 6
Material: Schweifbälle, Gymnastikreifen oder Fahrradmäntel, Markierungskegel
Ort: Sporthalle, Schulhof

Spielbeschreibung: Pro Mannschaft wird ein Fahrradmantel oder Gymnastikreifen ausgelegt; in Wurfentfernung (Abstand je nach Alter der Spieler variieren) werden 3 Markierungskegel aufgestellt (Abstand zwischen den Hütchen: 2 – 3 m). Nun versuchen alle Kinder einer Mannschaft nacheinander, den Schweifball vom ersten Markierungskegel aus in den Fahrradmantel oder Reifen zu werfen. Erzielt ein Kind einen Treffer, darf die gesamte Mannschaft einen Markierungskegel zurückgehen.
Wertungsmöglichkeit: Welche Mannschaft ist zuerst beim letzten Markierungskegel?
Variation: Am Spielfeldrand stehen in Wurfentfernung im Abstand von jeweils 2 bis 3 m 4 Markierungskegel hintereinander, neben

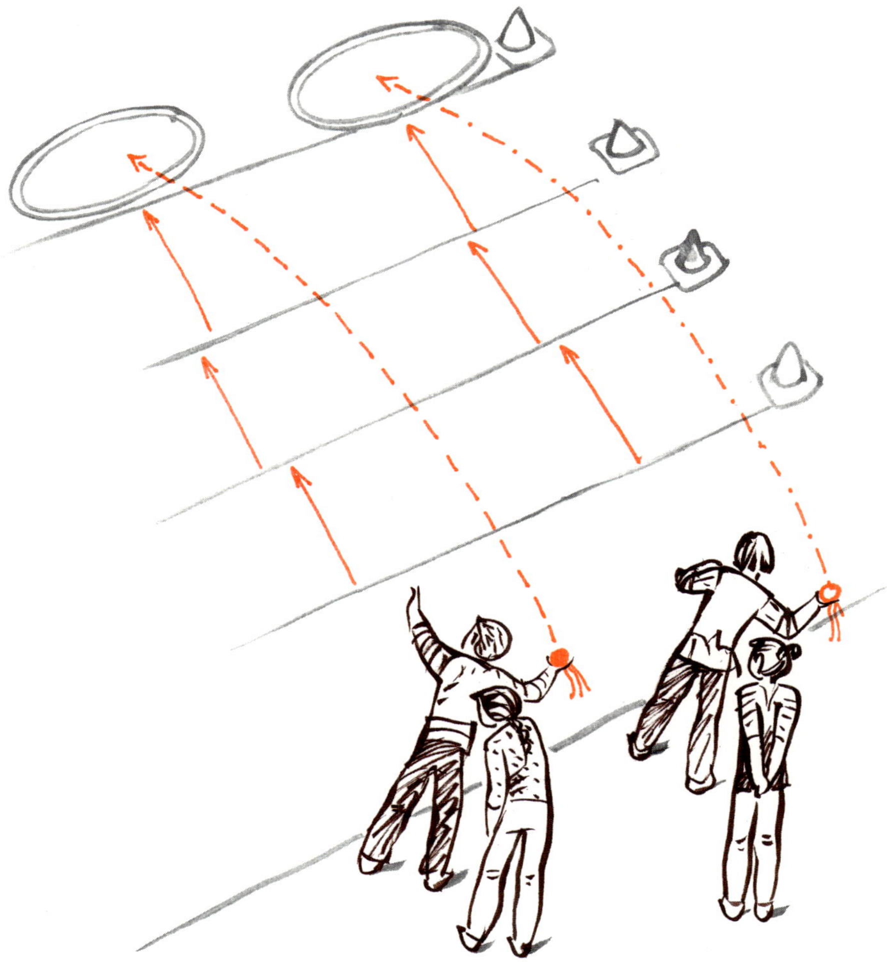

dem ersten Markierungskegel werden die Fahrradmäntel oder Reifen der Mannschaften so verteilt, dass jeder Mannschaft ein Reifen gegenüberliegt.
Die Mannschaften stehen hinter einer Begrenzungslinie. Jede Mannschaft versucht, einen Treffer im Fahrradmantel zu landen. Gelingt dieses einem Spieler aus der Mannschaft, darf der Fahrradmantel ein Hütchen weiter geschoben werden. Jeder Spieler, der geworfen hat, folgt seinem Ball, holt ihn zurück und übergibt ihn dem nächsten Spieler.
Wertungsmöglichkeit: Welche Mannschaft hat zuerst das vierte Hütchen erreicht? Wie viele Durchgänge haben die Mannschaften nach 2, 4 … Minuten geschafft?

Werfen mit Fahrradmänteln

Ausrangierte Fahrradmäntel oder Fahrraddecken (nicht zu verwechseln mit Fahrradschläuchen!) können kostenlos im Fahrradhandel besorgt werden. Bei Gebrauch der Fahrradmäntel ist darauf zu achten, dass diese weder zu hart noch verbogen sind oder ein zu dickes Profil aufweisen. Die Lagerung der Fahrradmäntel ist unkompliziert. Sie werden aufeinander gelegt und zum besseren Transport durch ein Band (z. B. ausrangiertes Markierungsband) zusammengehalten.
Fahrradmäntel haben gegenüber Gymnastikreifen den Vorteil des einfacheren Transports, außerdem sind sie rutschfester, beim Wurf für die Kinder ungefährlicher und durch ihr größeres Profil für die Kinder besser zu greifen und zu halten. Auch nach einem Zuwurf aus einiger Wurfentfernung können die Kinder ohne Verletzungsgefahr durch die Fahrradmäntel schlüpfen (siehe Spiel »Reifen-Lasso«).

Fliegende Untertasse

A B E

Was wird geschult? Wurfkraft, Materialerfahrung, Wurfgenauigkeit, Geschicklichkeit, Koordination, Kooperation
Klassenstufen: 4 – 6
Material: Fahrradmäntel
Ort: Sporthalle, Schulhof

Spielbeschreibung: Die Spieler finden sich zu Paaren zusammen. Die Partner stehen sich in einem Abstand von mehreren Metern gegenüber. Der Fahrradreifen soll nun wie eine »fliegende Untertasse« parallel zum Boden durch die Luft fliegen. Dazu wird der Fahrradmantel von oben in die Hand genommen und in Höhe der Schultern parallel zum Boden von hinten nach vorn geschleudert.

Variationen:

– Zuwerfen über eine Schnur, über einen Graben
– Zuwerfen von 2 oder mehreren Reifen gleichzeitig
– Jeder Partner hat einen Fahrradmantel. Beide schleudern sich den Reifen auf Zuruf gleichzeitig zu.

Rakete

Spielbeschreibung: Die Spieler schleudern in Partnerarbeit abwechselnd einen Fahrradmantel auf der Stelle hoch und versuchen im Laufe von mehreren Würfen ihre Höhe zu steigern. Auf dem Schulhof: Wer schafft es, den Reifen bis in die Höhe des x-ten Stockwerkes zu schleudern? Wer erreicht diese Höhe x-mal?
Variationen: Ein Partner schleudert den Reifen hoch, der andere versucht, ihn aufzufangen.
Es kann auch über eine Schnur, ein Tor oder über einen Graben geworfen werden, wobei die Partner sich gegenüberstehen.

A B E

Was wird geschult?
Materialerfahrung, Wurfkraft, Fangsicherheit, Reaktionsvermögen
Klassenstufen: 4 – 6
Material: Fahrradmäntel
Ort: Sporthalle, Schulhof, Wiese

Reifen-Lasso

Spielbeschreibung: Die Kinder finden sich zu Paaren zusammen und stellen sich einander zugewandt in einem Abstand von ca. 5 – 6 m auf. Nun schleudern sich die Spieler abwechselnd den Fahrradmantel entgegen. Der Fahrradmantel soll dabei so geschleudert werden, dass der Partner durchschlüpfen kann. Die Arme des Durchschlüpfenden sind wie beim Kopfsprung hoch gestreckt. Der Durchschlüpfende läuft dem »fliegenden« Fahrradmantel entgegen.
Wertungsmöglichkeiten: Welche Partner schaffen es, durch den Reifen zu schlüpfen, ohne ihn auch nur einmal zu verfehlen? Wie oft schlüpfen die Partner in x Minuten durch die Reifen?

A B E

Was wird geschult?
Wurfgenauigkeit, Wurfkraft, Gewandtheit, Konzentration, Kooperation
Klassenstufen: 4 – 6
Material: Fahrradmäntel
Ort: Sporthalle, Schulhof

Fahrradmantel-Staffel

A B E

Was wird geschult? Wurfgenauigkeit, Schnelligkeit, Wurfkraft, Kooperation, Gewandtheit
Klassenstufen: 4 – 6
Material: Fahrradmäntel
Ort: Sporthalle, Schulhof

Spielbeschreibung: Zu einer Mannschaft gehören mindestens 4 Kinder, von denen sich jeweils 2 gegenüberstehen. Der erste Spieler wirft seinem gegenüberstehenden Partner den Reifen zu, wechselt selbst zur gegenüberliegenden Seite und stellt sich hinten an usw. Welche Mannschaft hat zuerst die Ausgangsposition wieder erreicht? Welche Mannschaft hat in x Minuten die meisten Würfe erzielt?

Variation: Der Reifen wird so geworfen, dass der Fänger mit hoch gestreckten Armen durch den Reifen schlüpfen kann (s. »Reifen-Lasso«).

Wertungsmöglickeit: Welche Mannschaft erzielt die meisten Treffer? Es können auch die Anzahl der Würfe und das Durchschlüpfen in einer Staffel bewertet werden: Jeder Wurf zählt einen Punkt, jedes Durchschlüpfen einen Zusatzpunkt.

Tipp: Bei allen Spielen mit den Fahrradmänteln muss zwischen den Mannschaften bzw. Werfern auf einen angemessenen Sicherheitsabstand geachtet werden.

Singen
Tanzen 3. Kapitel
Sich-Begegnen

Singen, Tanzen, Sich-Begegnen

In der Grundschule ist das musische Empfinden der Kinder stark ausgeprägt. Fast alle bewegen sich gern nach unterschiedlichen Klängen und Rhythmen.
Die Kinder können bei Sing- und Tanzspielen oder gymnastischen Bewegungsspielen die vielfältigsten Bewegungserfahrungen sammeln. Musik und Rhythmus schaffen vielen Kindern einen ersten Zugang zu Bewegung, Bewegungsspielen – zum Sport überhaupt. Durch die Musik werden die Kinder zum Mitmachen aufgefordert. Sie regt ihre Fantasie und Kreativität an und fördert ihre Vorstellungskraft.
Eine besondere Rolle beim Schaffen von Bewegungsvorstellungen spielt die Demonstration und das Mitüben des Spielleiters während der Bewegungsausführung. Die Kinder werden durch die Nachahmung der Bewegungen zunehmend sicherer und finden oft erst danach eigene Bewegungsformen.
Durch Partner- oder Gruppenarbeit werden die Kinder zu rücksichtsvollem und verantwortungsbewusstem Handeln angeregt. In einer fröhlichen Atmosphäre des Miteinanders kann sich das soziale Wohlbefinden verbessern, Spannungen können gelöst und Aggressionen abgebaut oder verhindert werden.
Es bietet sich die Möglichkeit des fächerübergreifenden Unterrichts an. Gemeinsam mit dem Musiklehrer können viele Unterrichtsstunden abgestimmt und vorbereitet werden.
Elementare Forderungen der Musikerziehung werden im Sportunterricht erfüllt. Rhythmus, Takt, Dynamik und Melodie werden durch spielerische Bewegungsformen leichter erfasst und gefestigt. Erlernen die Kinder die Lieder bereits in den Musikstunden, bleibt viel mehr Zeit für die aktive Bewegung im Sportunterricht.
Am Anfang einer Sportstunde kann häufig ein Bewegungsspiel mit Musik eingeplant werden, um einen freudvollen Einstieg in die Stunde zu finden. Diese Spiele können aber auch in anderen Unterrichtsfächern als aktive Bewegungspause eingesetzt werden.
Nach Sportstunden mit einer hohen Belastungsintensität oder nach Spielstunden, in denen die Gefühle der Kinder aufgewühlt wurden, können diese Spiele beruhigender, entspannender Ausklang sein.
Auch Spiele mit dem Seil, Stab oder anderen, alternativen Materialien wie Papier, Luftballon oder Hut sind abwechslungsreich, verlangen ein hohes Maß an Konzentration, Reaktionsvermögen

und leisten ihren Beitrag zur Geschicklichkeits- und Gewandtheitsschulung. Die Kinder nutzen die Möglichkeiten, mit diesen Geräten fantasievolle Bewegungsformen zu gestalten.
Durch oftmalige Veränderungen der Körperlage und -haltung sowie der Ausgangsstellung erhalten sie viele Gelegenheiten, ihr Gleichgewichts-, Differenzierungs- und räumliches Orientierungsvermögen zu schulen.
Viele Spiele bewirken auch die Förderung einer guten Körperhaltung und -spannung sowie die Verbesserung des Rhythmusempfindens und die auditive oder/und taktile Wahrnehmungsfähigkeit.
Freiwilliges Handeln wird gefördert, wenn die Dauer, das Tempo und die Intensität der Spiele von den Kindern selbst bestimmt werden kann.
In einer Atmosphäre frei von Erfolgs- und Leistungsdruck fühlen sich die Kinder bei ihren sportlichen Handlungen wohl.
Die nachfolgenden Spiele können einen wertvollen Beitrag dazu leisten.

Eisenbahn, Eisenbahn

A B E

Klassenstufen: 1 – 3
Material: eventuell Turnbänke
Ort: Sporthalle, Klassenraum, Wiese

1. Wagen dran, Wagen dran,
hängt noch ein paar Wagen dran.
Türen zu! Türen zu! Türen lieber zu.
Eisenbahn, Eisenbahn …

2. Brücke kommt, Brücke kommt.
Achtung eine Brücke kommt.
Unten durch! Unten durch! Wir fahren unten durch.
Eisenbahn, Eisenbahn …

3. Bummelzug, Bummelzug,
wir fahrn mit dem Bummelzug.
Langsam geht's! Langsam geht's!
Langsam geht's voran.
Eisenbahn, Eisenbahn...

4. Kurve fahrn, Kurve fahrn,
ganz schräg in die Kurve fahrn,
Kurve fahrn, Kurve fahrn! Mit der Eisenbahn.
Eisenbahn, Eisenbahn…

5. Schneller fahrn, schneller fahrn,
schneller fährt die Eisenbahn.
Hundertachtzig fahrn! Hundertachtzig fahrn!
Mit der Eisenbahn.
Eisenbahn, Eisenbahn …

6. Hauptbahnhof, Hauptbahnhof,
Zug fährt in den Hauptbahnhof.
Bis er steht! Bis er steht!
Bis er endlich steht.

aus: Musikus 1/2, Volk und Wissen Verlag

Aufstellungsform: mehrere kleine Reihen

Spielbeschreibung: Alle Kinder singen gemeinsam die Einstimmung. Dabei sitzen sie zunächst noch am Boden oder auf Turnbänken.

1. Strophe: Die Kinder finden sich zu kleinen Zügen zusammen. Der Hintermann legt dem Vordermann die Hände auf die Schultern. Los geht die Fahrt.
2. Strophe: Vorher bestimmte Kinder bilden durch Handfassung (beide Arme schräg nach oben halten) eine Brücke und die Züge fahren darunter hindurch.
3. Strophe: Die Kinder reihen sich schnell wieder in die Züge ein und diese fahren mit deutlich langsamerem Tempo weiter.
4. Strophe: Jetzt deuten alle Züge an, wie sie verschiedene Kurven durchfahren.
5. Strophe: Allmählich erhöht sich das Fahrtempo. Die Züge dürfen aber keine Waggons verlieren.
6. Strophe: Alle Züge fahren an einen vorher vereinbarten Ort und bleiben dort nebeneinander stehen.

Tipp: Bevor man dieses Lied in ein Bewegungsspiel verwandelt, macht es sich gut, die verschiedenen Tempounterschiede der Züge zu erproben. Dazu können die Geräusche der Eisenbahn nachgeahmt werden (»tsch, tsch, tsch ...«).

Uhu-Lied

A B E

Klassenstufen: 1– 4
Material: Xylophon, Triangel oder Glockenspiel
Ort: Sporthalle, Klassenraum, Wiese

Aufstellungsform: beliebig
Spielbeschreibung: Nachts fliegt der Uhu um die Glockentürme der Stadt. Streift er einen Glockenturm mit seinen Flügeln, so fängt dieser an zu spielen.
Ausführung: Alle Kinder singen die Liedstrophe. Dann zählt ein Kind langsam bis 12. Der Uhu erwacht und fliegt zwischen den Glockentürmen umher. Berührt er einen Glockenturm, so darf dieser auf einem der Instrumente frei spielen. Man kann auch eine andere Uhrzeit als 12 verabreden.
Tipp: Die Kinder kommen zur Ruhe, so dass sich dieses Spiel gut am Ende einer Sportstunde einsetzen lässt.

Spiegellied

A B E

Klassenstufen: 1 – 2
Ort: Sporthalle, Klassenraum, Wiese

Aufstellungsform: Gasse
Spielbeschreibung: Takt 1 – 4: Die Kinder stellen sich paarweise gegenüber auf. Sie gehen aufeinander zu und zurück.
Takt 5 – 8: Die Kinder der einen Reihe machen verschiedene Bewegungen, die von den »Spiegelkindern« nachgeahmt werden. Anschließend erfolgt ein Wechsel der Rollen.

aus: Musikus 1/2, Volk und Wissen Verlag

Ritsch, ratsch, rumdibum

A B E

Klassenstufen: 1 – 2
Ort: Sporthalle, Klassenraum, Wiese

Aufstellungsform: Innenstirnkreis

Spielbeschreibung: Die Kinder bilden einen Kreis, sie singen und klatschen den Grundschlag.

Takt 1 – 8: Ein Kind tanzt mit Hüpfschritten im Kreisinneren in Uhrzeigerrichtung und klatscht den Grundschlag mit. Im Takt 8 sucht es sich einen Partner.

Takt 9 – 16: Die beiden Tänzer tanzen mit Hüpfschritten im Paarkreis. Alle anderen Kinder klatschen und singen und führen dabei seitwärts Nachstellschritte, in einer Runde nach rechts, in der nächsten Runde nach links, aus.

Takt 17 – 24: Das Paar in der Mitte hakt sich rechtsarmig ein und bewegt sich in Hüpfschritten in Uhrzeigerrichtung umeinander, nach 4 Takten wird die Richtung gewechselt.
Beim nächsten Durchspiel suchen sich beide Tänzer einen neuen Partner – und so fort, bis alle tanzen.
Variation: Nach einem Durchgang trennen sich die beiden Tänzer in der Kreismitte wieder voneinander und kehren an ihren Platz zurück. Das Spiel wird nun so oft wiederholt, bis alle Kinder einmal in der Mitte des Kreises getanzt haben.
aus: Mein Liederkästchen, Volk und Wissen Verlag

Wer tanzt uns etwas vor?

A B E

Klassenstufen: 1 – 2
Ort: Sporthalle, Klassenraum, Wiese

Aufstellungsform: Innenstirnkreis

Spielbeschreibung: Takt 1 – 10: Die Kinder fassen sich an den Händen und gehen im Uhrzeigersinn auf der Kreisbahn entlang.

Takt 11 – 28: Während im zweiten Liedteil ein Kind tanzt, klatschen die anderen.

Variation: Takt 1 – 10: Die Kinder bleiben stehen.

Takt 11– 28: Ein Kind tritt in die Kreismitte und zeigt eine tänzerische Bewegung vor. Alle anderen ahmen diese Bewegung nach.

aus: Mein Liederkästchen, Volk und Wissen Verlag

U gonni gonni

A B E

Klassenstufen: 3 – 4
Material: eventuell Stühle, Turnbänke
Ort: Sporthalle, Klassenraum, Wiese

Aufstellungsform: Alle Kinder sitzen im Kreis auf Stühlen bzw. im Viereck auf Bänken.

Spielbeschreibung:

Zu jeder Wiederholung des Liedes kann eine neue Bewegung von den Kindern ausgeführt werden:

1. Beide Hände schlagen im Takt auf die eigenen Oberschenkel, dann auf die des rechten Nachbarn, wieder auf die eigenen, dann auf die des linken Nachbarn, wieder auf die eigenen usw.
2. Zweimal in die Hände klatschen, dann rechte Hand auf linken Oberschenkel, linke Hand auf den rechten usw.
3. Mit rechter Hand bei ausgestrecktem Arm in die Luft greifen, linke Hand auf den rechten Handrücken patschen, dann linke Hand in die rechte Armbeuge, rechten Arm einwinkeln – rechte Hand in die linke Armbeuge –, linken Arm strecken, in die Luft greifen, rechte Hand schlägt auf linken Handrücken usw.
4. Mit beiden Händen auf die eigenen Oberschenkel schlagen, rechte Hand (bzw. deren Daumen und Zeigefinger) an die – eigene – Nase, linke Hand ans rechte Ohr, erneutes Schlagen auf die Oberschenkel, linke Hand an die Nase, rechte gleichzeitig ans linke Ohr.

Worte und Melodie: G. Feige
Fassung: Johannes Holzmeister,
aus: Die Maultrommel, Fidula-Verlag
Boppard/Rhein und Salzburg

A B E

Klassenstufen: 2 – 4
Ort: Sporthalle, Klassenraum, Wiese

Wenn der Elefant in die Disco geht

2. Wenn der Bär in die Disco geht,
weißt du, wie er sich auf der Tanzfläche dreht?
Die Vordertatzen hebt er und brummt ganz leis
und dreht sich langsam um sich selbst im Kreis.

3. Wenn der Affe in die Disco geht,
weißt du, wie er sich auf der Tanzfläche dreht?
Er baumelt mit den Armen und hüpft ein Stück
nach links und nach rechts, vor und wieder zurück.

4. Wenn das Stinktier in die Disco geht,
weißt du, wie es sich auf der Tanzfläche dreht?
Es tanzt Rock'n' Roll, und sein angenehmer Duft
wie französisches Parfüm erfüllt die Luft.

Worte und Melodie: Klaus Hoffmann
Ravensburger Buchverlag Otto Maier GmbH

Aufstellungsform: Doppelter Flankenkreis
Spielbeschreibung:
Takt 1 – 8: Die Kinder singen, klatschen den Grundschlag und gehen als Paare nebeneinander auf der Kreisbahn entlang.
Takt 9 – 16: Die Paare bleiben am Ort stehen. Die Kinder, die nebeneinander laufen, drehen sich zueinander um und führen gemeinsam die Bewegungen entsprechend des Liedtextes in den einzelnen Strophen aus.

1, 2, 3 im Sauseschritt

A B E

Klassenstufen: 1 – 3
Ort: Sporthalle, Klassenraum, Wiese

Text: Lore Kleikamp
Musik: Detlev Jöker
aus: Und weiter geht's im Sauseschritt, Menschenkinder Verlag

Spielbeschreibung: Dieses Lied ist ein Reihenspiel. Die Kinder fassen sich an den Händen und laufen in einer Reihe durch die Halle. Bei »Der Peter ist …« läuft das Kind, das seinen Platz rechts außen hat, einmal an allen vorbei und schließt sich links außen wieder an. Bei den Worten: »Bücken, strecken …« bleiben alle stehen und führen die Bewegungen entsprechend des Liedtextes aus. Danach beginnt das Lied von neuem, und das Kind, welches nun rechts außen steht, wechselt den Platz. Das Spiel kann so weitergehen, bis alle Kinder einmal die Seite gewechselt haben.
Statt des Textes »Peter ist …« kann natürlich auch der Name des Kindes genannt werden, das seinen Platz rechts außen hat und zuerst die Seite wechseln muss.

Wenn du fröhlich bist

A B E

Klassenstufen: 2 – 4
Material: eventuell Stühle, Turnbänke
Ort: Sporthalle, Klassenraum, Wiese

2. Wenn du fröhlich bist, dann patsche auf dein Knie.
3. Wenn du fröhlich bist, dann schnipse mit dem Finger.
4. Wenn du fröhlich bist, dann stampfe mit dem Fuß.
5. Wenn du fröhlich bist, dann rufe laut olé.
6. Wenn du fröhlich bist, dann mache alles mit.

Weitere Möglichkeiten:
Wenn du fröhlich bist,
dann klatsche auf den Bauch.
... reibe die Nase.
... zupfe an dem Ohr.
... streiche an dem Bart.

Aufstellung: beliebig – Alle Kinder sitzen auf Stühlen, sie können aber auch am Platz stehen.

Spielbeschreibung: Alle Kinder singen das Lied gemeinsam und führen während der einzelnen Strophen entsprechend des Liedtextes die Bewegungen (Klatschen, Patschen, Schnipsen, ...) aus. Bei der 6. Strophe sind dann alle vorher erprobten Einzelbewegungen nacheinander auszuführen.

aus den USA
Textfassung: Gerhard Schöne
aus: Mein Liederkästchen, Volk und Wissen Verlag

Das Flummilied

A B E

Klassenstufen: 2 – 4
Ort: Sporthalle, Klassenraum, Wiese

Text: Lore Kleikamp
Musik: Detlev Jöker
aus: Und weiter geht's im Sauseschritt, Menschenkinder Verlag

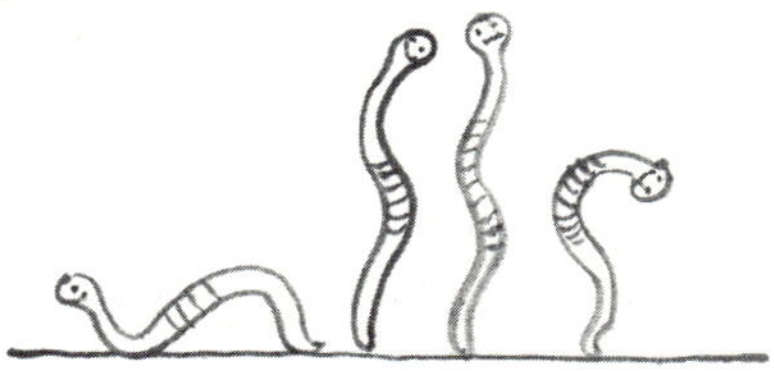

2. Die Schultern sind aus Gummi.
Sie pendeln hin und her.
3. Die Hände …
4. Die Hüften …
5. Die Beine …
6. Die Füße …

Schluss: Wir sind aus weichem Gummi
und tanzen einen Flummi.
Das ist der neuste Hit.
Wir sind aus weichem Gummi
und tanzen einen Flummi.
Und keiner tanzt mehr mit.

Spielidee: Bei diesem Lied werden einzelne Körperteile gelockert, in der ersten Strophe ist es der Kopf. In den weiteren Strophen werden nach und nach verschiedene Körperteile benannt und gelockert. Eine Möglichkeit ist, beim Kopf zu beginnen und bei den Füßen zu enden.

Variation: Ein Kind wählt vor jeder Strophe aus, welches Körperteil aus Gummi sein soll. Während des Refrains tanzen alle Kinder ihren eigenen Flummitanz.

Tipp: Wenn das Lied oft eingesetzt wird, entwickelt die Klasse vielleicht ihren eigenen Flummitanz, der von allen Kindern gleichermaßen beim Refrain durchgeführt wird.

A B E

Klassenstufen: 2 – 4
Ort: Sporthalle, Klassenraum, Wiese

Bananenboogie

2. Wir wackeln mit den Knien,
und auch der Kopf, der wackelt sehr,
das ist …

3. Der Bauch dreht sich im Kreis,
die Hüften schlenkern hin und her,
das ist …

4. Wir fassen an den Händen uns
und schieben kreuz und quer,
das ist …

Worte und Melodie: Christa Zeuch
aus: Lisa, Lolle, Lachmusik, Arena-Verlag, Würzburg

Aufstellungsform: Innenstirnkreis

Spielbeschreibung: Die Kinder stehen im Innenstirnkreis, singen und führen einfache Boogie-Bewegungen aus.

Die Strophenteile werden entsprechend des Liedtextes durch Bewegungen dargestellt.

Ich kenne einen Cowboy

A B E

Klassenstufen: 1 – 4
Material: eventuell Stühle
Ort: Sporthalle, Klassenraum, Wiese

Aufstellungsform: Innenstirnkreis
Spielbeschreibung:
Takt 1 – 9: Die Kinder stehen in der Grundstellung oder sitzen auf Stühlen, singen und klatschen im Rhythmus zur Melodie mit.
Takt 10 – 19: Während der einzelnen Strophen stellen die Kinder entsprechend des Liedtextes ihre Bewegungen dar.

aus: Mein Liederkästchen, Volk und Wissen

Tanz mit Hut

Spielbeschreibung: Die Musik beginnt, ein Kind hat den Hut auf. Die Gruppe bewegt sich zur Musik, immer mit Blickrichtung zu dem Kind mit Hut. Das Kind mit Hut »erfindet« eine Bewegung, die von den anderen nachgeahmt wird. Anschließend wird der Hut (aus der Bewegung heraus) an das nächste Kind weitergegeben und eine neue Bewegung entsteht. Das Spiel endet, wenn jeder einmal an der Reihe war oder alle erschöpft sind.
Variationen: Man kann außer gymnastischen und tänzerischen Bewegungen auch ungewöhnliche Bewegungen probieren: Roboter spielen, ein Tier sein, sich anfassen, gemeinsam etwas tun ...
Tipp: Als Begleitmusik eignet sich »fetzige«, rhythmusbetonte Musik (Popmusik). Ältere Kinder können ihre Lieblingsmusik mitbringen, wenn sie geeignet ist.

A B E

Was wird geschult?
Reaktionsvermögen, visuelle Wahrnehmung, Körperbewusstsein, Sozialkompetenz, Kreativität
Klassenstufen: 1 – 4
Material: Hut oder Mütze, Kassettenrekorder, Musik
Ort: Sporthalle oder großer Raum, Wiese

Tanz mit Papierbällen

Spielbeschreibung: Die eine Hälfte der Kinder sitzt verteilt am Boden, die andere Hälfte erhält Papierbälle und bewegt sich damit zur Musikbegleitung im Raum um die sitzenden Kinder herum. Die Kinder werfen ihre Bälle oder Tücher dabei in die Luft und fangen sie immer wieder auf. Auf ein bestimmtes Zeichen hin (Pause in der Musik oder ein anderes vorher vereinbartes Signal) geben die spielenden Kinder ihren Ball an ein sitzendes Kind weiter und nehmen dessen Platz ein.
Variationen: Die Kinder bewegen sich zu zweit mit dem Ball zur Musik. Sie bestimmen selbst, ob sie sich den Ball zuwerfen oder ob jeder ein paarmal wirft und dann den Ball weitergibt.
Tipps:
– Japanische Papierbälle sind für dieses Spiel besonders zu empfehlen, gespielt werden kann aber auch mit Luftballons oder leichten Tüchern (z. B. aus Chiffon).
– Als Begleitmusik eignen sich Kindertänze oder klassische Musik, z. B. die »Brandenburgischen Konzerte« von Bach.

A B E

Was wird geschult?
Materialerfahrung, auditive Wahrnehmung, visuelle Wahrnehmung, Kreativität
Klassenstufen: 1 – 3
Material: japanische Papierbälle, Luftballons oder Chiffontücher, Musik
Ort: Sporthalle, leerer großer Raum, Wiese

Farbentanz

A B E

Was wird geschult?
Reaktionsvermögen, visuelle Wahrnehmung, Konzentration, Koordination
Klassenstufen: 1 – 6
Material:
große Karten in verschiedenen Farben, Musik
Ort: Sporthalle, großer Raum, Wiese

Spielbeschreibung: Jedes Kind sucht sich einen Platz im Raum. Man verabredet, dass in diesem Spiel jede Farbe eine bestimmte Bewegung auslösen soll, z. B. auf »Rot!« sollen die Kinder hüpfen, auf »Grün!« laufen, auf »Blau!« kriechen, auf »Gelb!« sich drehen usw. Die Zuordnungen der Farben zu den Bewegungen werden langsam, eine nach der anderen eingeübt und es wird erst eine neue Farbe hinzugefügt, wenn die vorherigen Kombinationen »sitzen«. Zuletzt hebt der Spielleiter zu einer Musik die Farbtafeln in verschiedenen Kombinationen hoch, während die Kinder dazu die entsprechenden Bewegungen gestalten.
Variation: Bei älteren Kindern könnte zu jeder Farbe eine ganze Bewegungskombination zugeordnet werden.
Tipp: Je nachdem, ob die Kinder zur Ruhe geführt oder aktiv werden sollen, kann man ruhige oder »fetzige« Musik wählen.

Luftballon-Tanz

A B E

Was wird geschult?
Reaktionsvermögen, Geschicklichkeit
Klassenstufen: 1– 6
Material:
pro Mitspieler ein Luftballon, Musik
Ort: Sporthalle, großer Raum

Spielbeschreibung: Jeweils 2 Spieler bilden ein Tanzpaar. Um das Fußgelenk eines der beiden Kinder ist ein aufgeblasener Luftballon gebunden. Nun versucht jedes Paar zur Musik tanzend, den Luftballon eines anderen Paares zu zertreten.
Variation: Jedes Kind bindet sich einen aufgeblasenen Luftballon um das Fußgelenk. Alle versuchen, die Luftballons der anderen zu zertreten.
Als Mannschaftsspiel: Es gibt Luftballons in 2 verschiedenen Farben für 2 Mannschaften. Die Spieler versuchen, die Ballons der anderen Mannschaft zu zertreten.
Tipp: Die Kinder sollten sich beim Tanzen an den Händen fassen, da sich die Paare sonst schnell verlieren.

http://www.amazon.

Löschen | Antwo
Verschieben...

Vorheriges | Nächstes | Zur

Posteingang | Mail verfassen | SMS sch

Reise zu den Planeten

A B E

Was wird geschult?
Körperbewusstsein, Reaktionsvermögen, Sozialkompetenz, visuelle Wahrnehmung, auditive Wahrnehmung
Klassenstufen: 1– 4
Material: rhythmische Musik
Ort: Sporthalle, Klassenraum, Wiese

Spielbeschreibung: Der Spielleiter erzählt, dass er mit der Gruppe ins All fliegen möchte, um zu sehen, wie man auf den einzelnen Planeten tanzt. Zu Beginn jeder Flugreise darf sich ein Kind wünschen, zu welchem Planeten die Reise gehen soll. Es wählt z. B. den Mars. Alle hocken auf dem Boden und rufen: »Knall und Schall, wir fliegen jetzt ins All!« Bei diesem Ruf beginnt die Musik und alle stehen auf. Das Kind, dass sich den Mars ausgesucht hat, ruft: »So tanzt man auf dem Mars!« und tanzt den anderen zur Musik etwas vor (rückwärts, hüpfend, auf einem Bein, in die Hände klatschend ...). Alle Kinder erheben sich und bewegen sich dem Planeten Mars entsprechend durch den Raum. Auf ein vorher vereinbartes akustisches Zeichen des Spielleiters landen alle Kinder wieder auf der Erde und es beginnt die nächste Reise.
Es können natürlich auch Planetennamen frei erfunden werden.

Koffer auf, Koffer zu

A B E

Was wird geschult?
Körperbewusstsein, auditive Wahrnehmung, Reaktionsvermögen, Vorstellungsfähigkeit
Klassenstufen: 1 – 3
Material: Musik (Variation)
Ort: Sporthalle, Klassenraum, Wiese

Spielbeschreibung: Die Kinder stehen im Raum verteilt (im Klassenraum hinter ihrem Stuhl). Wenn der Spielleiter ruft: »Koffer zu!«, hocken sich die Kinder hin und machen sich so klein wie möglich, der Kopf ist eingezogen. Wenn sie »Koffer auf!« hören, strecken sie den Kopf heraus, bleiben aber ruhig in der Hocke. Dann nennt der Spielleiter ein Tier oder Fahrzeug, das aus dem Koffer herauskommt, z. B. »Ein Pony kommt heraus!«. Nun bewegen sich die Kinder dementsprechend durch den Raum. Sobald »Koffer zu!« ertönt, hocken sich die Kinder wieder in die Ruheposition und warten auf die nächste Spielanweisung.
Variation: Sobald die Kinder wissen, wie sie sich bewegen sollen, kann Musik abgespielt werden.

Tier, Pflanze, Obst

A B E

Was wird geschult? Reaktionsvermögen, Sozialkompetenz
Klassenstufen: 1 – 3
Material: Musik
Ort: Sporthalle, Sportplatz, Schulhof

Spielbeschreibung: Die Spieler bilden einen Innenstirnkreis. Der Spielleiter fragt jedes Kind nach seinem Lieblingstier oder nach der Lieblingsblume, -obst usw.
Nach Rufen eines Namens, z. B. »Löwe« oder »Nelke« kommen die Kinder, die diesen Namen gewählt haben, in den Kreis und fassen sich an den Händen. Der Spielleiter startet die Musik und die Kinder tanzen im Kreis herum. Danach sucht sich jedes Kind einen neuen Platz.

Variationen:
– Es können verschiedene Bewegungsformen gewählt werden.
– Es kann auch nach folgenden Gesichtspunkten ausgewählt werden:
Wessen Lieblingstier beginnt mit M?
Wessen Lieblingsblume blüht ganz früh im Jahr?
Wessen Lieblingsobst ist rot? usw.

Schlangenbeschwörer

Spielbeschreibung: Der Spielleiter bestimmt ein Kind als »Schlangenbeschwörer«. Ein anderes Kind ist die Schlange und zieht ein Seil in Schlangenlinien durch einen vorher markierten, nicht zu großen Raum. Die Kinder dürfen nicht auf das Seil treten. Der Schlangenbeschwörer hilft ihnen, indem er sie warnt, wenn die Schlange zu nahe kommt. Wer dennoch auf das Seil tritt, wird neuer Schlangenbeschwörer.
Tipp: Zu diesem Spiel passt orientalische Musik. Es können auch einige Kinder mit Blockflöten erfundene Melodien spielen.

A B E

Was wird geschult?
Reaktionsvermögen, Schnelligkeit, Gewandtheit
Klassenstufen: 1 – 4
Material: langes Seil, Musik
Ort: Sporthalle

Im Zirkus

Spielbeschreibung: Im Zirkus gibt es viele Tiere zu sehen: tanzende Bären, Elefanten, Schlangen und viele andere mehr. Die Kinder sitzen oder stehen im Innenstirnkreis um die Arena herum. Zuerst treten die Elefanten in die Arena, also in die Mitte des Kreises und bewegen sich schwerfällig zur Musik hin und her.
Um einen Rüssel nachzuahmen, fassen sich die Kinder mit der einen Hand an die Nase, den anderen Arm stecken sie durch die so entstandene Lücke. Nach einer Weile treten die Schlangen auf, vielleicht mit einem Schlangenbeschwörer. Sie kriechen zischelnd in der Arena umher.
Tipp: Die Auswahl der Tiere und der entsprechenden Bewegungsart kann auch von den Kindern mitbestimmt werden, z. B.
Ponys: galoppieren oder traben,
Hunde: springen durch Gymnastikreifen,
Tiger und Löwen: schreiten im Raubtiergang umher.

A B E

Was wird geschult?
Körperbewusstsein, Kreativität
Klassenstufen: 1 – 2
Material: Musik, Gymnastikreifen, Matten
Ort: Sporthalle, Wiese

Tanz der Schneekristalle

Spielbeschreibung: Die Kinder gehen leise wie schwebende Schneekristalle zur ruhigen Musik durch die Halle. Ruft der Spielleiter »Die Schneekönigin kommt!«, erstarren alle und nehmen eine entsprechende Körperhaltung ein. Diese Haltung soll einige Sekunden beibehalten werden. Ruft der Spielleiter »Der Wind kommt!«, dann dürfen sich alle Kinder wieder beliebig fortbewegen.
Wer vorzeitig wackelt, erhält einen »Eiszapfen«. Wer keinen »Eiszapfen« bekommt, ist Sieger dieses Spieles.

A B E

Was wird geschult?
Körperbewusstsein, Reaktionsvermögen
Klassenstufen: 1 – 4
Material: ruhige, klassische Musik
Ort: Sporthalle, Wiese

Seilspringen

A B E

Was wird geschult? Koordination, Kooperation
Klassenstufen: 2 – 4
Material: pro Gruppe ein langes Springseil
Ort: Sporthalle, Schulhof, Wiese

Spielbeschreibung: Die Klasse teilt sich in 3er- oder 4er-Gruppen ein. 2 Kinder jeder Gruppe schlagen das Seil. Die anderen proben zunächst, das Seil zu durchlaufen. Wenn das allen gelungen ist, wird versucht, in das Seil einzuspringen und danach auf der anderen Seite wieder herauszulaufen. Wenn alle diese Voraussetzungen erfüllen, kann das Spiel beginnen.

Alle Kinder sprechen zusammen den folgenden Vers:

Teddybär, Teddybär, dreh dich um,
Teddybär, Teddybär, mach dich krumm,
Teddybär, Teddybär, zeig dein' Fuß,
Teddybär, Teddybär, mach ein' Gruß,
Teddybär, Teddybär, Augen zu,
Teddybär, Teddybär, wie alt bist du?

Während die Kinder den Vers sprechen, springt ein Kind auf der Stelle über das Seil und macht die passenden Kunststücke zu jeder Zeile. Am Ende macht es noch so viele Sprünge, wie es Jahre alt ist und läuft dann aus dem Seil heraus. Nun ist das nächste Kind an der Reihe. Wer einen Fehler macht, löst ein Kind beim Seildrehen ab.

Variationen: Die Kinder können zu zweit zu dem Vers springen. Großeltern und Eltern können nach weiteren Springversen befragt werden. Diese werden dann gesammelt, aufgeschrieben und ausprobiert.

Die Duospringer

Spielbeschreibung: Die Kinder stellen sich zu zweit nebeneinander auf. Jedes Kind erfasst ein Seilende. Die Seilmitte befindet sich hinter den Körpern der Kinder. Nun versuchen sie gemeinsam über das Seil zu springen oder zu laufen (Rückkreisschwung). Natürlich können sie es auch mit einem Vorkreisschwung versuchen. Welches Paar schafft es, ohne hängen zu bleiben?

Variationen:

– 2 Kinder stehen sich gegenüber und schauen sich an. Sie müssen dicht zusammenstehen. Ein Kind erfasst das Seil und führt die Rückkreisschwünge aus. Das andere Kind versucht mit dem Kind, welches das Seil schwingt, gleichzeitig im Schlusssprung über das Seil zu springen.
Welchem Paar gelingt es am häufigsten?

– Die Kinder stehen diesmal hintereinander dicht zusammen. Das hintere Kind führt die Rückkreisschwünge aus. Beide versuchen wieder gleichzeitig im Schlusssprung über das Seil zu springen.

– Ein Kind sitzt in der Hocke und schwingt das Seil um sich herum, wobei es sich das Seil abwechselnd von Hand zu Hand geben muss. Das andere Kind versucht, über das kreisende Seil zu springen, ohne hängen zu bleiben.

Tipp: Auch bei diesen Spielformen finden die Kinder noch weitere Varianten. Sie sollten ausreichend Zeit zum Üben und Erproben von Neuem bekommen.

A B E

Was wird geschult?
Kooperation,
Koordination,
Geschicklichkeit,
Materialerfahrung,
Sozialkompetenz

Klassenstufe: 4

Material: Seile

Ort: Sporthalle

Hier bin ich

A B E

Was wird geschult? Sozialkompetenz, Kooperation
Klassenstufen: 1 – 4
Material: Musik, Kassettenrekorder
Ort: Sporthalle, Schulhof, Wiese

Spielbeschreibung: Die Kinder laufen bei einsetzender Musik im Raum herum. Bei Musikstopp finden sich zwei Kinder zusammen, begrüßen sich kurz und laufen zu zweit bei erneutem Einsatz der Musik weiter. Beim nächsten Musikstopp trennen sich die Paare und jeder sucht sich einen neuen »Weggefährten«.

Variationen:

– Kinder begrüßen sich mit Handklatsch
– Kinder umarmen sich zur Begrüßung
– Kinder nennen den Namen ihres neuen Partners: »Hallo ...« (eignet sich besonders für die Anfangswochen im 1. Schuljahr)
– Kinder hüpfen zur Begrüßung eingehakt im Kreis herum
– Kinder berühren zur Begrüßung verschiedene Körperteile
– klatschen einander auf den Po
– klopfen sich auf die Schulter
– stellen sich Rücken an Rücken, Arme sind miteinander verhakt, gehen in die tiefe Hocke und richten sich anschließend wieder in den Stand auf
– die Kinder wählen eigenständig eine Begrüßungsart.

Schwammstatuen

A B E

Was wird geschult? Koordination, Kooperation, Sozialkompetenz, visuelle Wahrnehmung, Vorstellungsfähigkeit
Klassenstufen: 1 – 5
Material: Tafelschwämme, Musik
Ort: Sporthalle

Spielbeschreibung: Die Kinder bewegen sich nach Musik frei durch den Raum. Der Spielleiter stellt zwei Tafelschwämme als Modellfiguren in der Mitte des Raumes auf den Boden. Die Schwämme stehen zueinander in Beziehung, z. B. ein Schwamm steht auf der kleinsten Rechteckseite, der andere liegt mit der Breitseite unmittelbar daran. Bei Musikstopp stellt jeder mit dem nächststehenden Partner die Schwammstatuen nach. Die Figur soll möglichst genau nachgestellt werden, dies erfordert die Beachtung der Schmal- oder Breitseite und der Lage zueinander.
Die Spielleitung kann nach einigen Beispielen auch von den Spielteilnehmern übernommen werden.

Variation: Die Anzahl der Schwämme wird nach und nach vergrößert.

Tausendfüßler

Spielbeschreibung: Alle Kinder stehen mit vorgebeugtem Rumpf und gestreckten Armen und Beinen hintereinander.
Der Hintermann umfasst mit den Händen die Fußgelenke seines Vordermannes und stützt sich leicht darauf ab. Die Vorwärtsbewegung erfolgt im Passgang. Das erste Kind geht auf allen Vieren.
Zunächst sollten die Kinder die Bewegung in kleinen Gruppen üben, später kann es die ganze Klasse probieren. Die Kinder bewegen sich nun gemeinsam durch die Halle, bis die Kette reißt.

A B E

Was wird geschult?
Kooperation, Körperbewusstsein, Geschicklichkeit
Klassenstufen: 1– 4
Ort: Sporthalle

Regenwurm

Spielbeschreibung: Die gesamte Klasse schlängelt sich wie ein Regenwurm vor- oder rückwärts durch eine Reihe von Keulen oder Hütchen hindurch. Dazu reicht jedes Kind die rechte Hand zum Vordermann, die linke zum Hintermann. Die Kette darf nicht reißen, sonst stirbt der Regenwurm.

Variationen:

– Die Kinder können sich auch um eine Reihe von Malstangen schlängeln.

– Für Kinder höherer Klassenstufen kann das Spiel erschwert werden, indem ein 1-kg oder 2-kg Medizinball mitgeführt wird.

A B E

Was wird geschult?
Kooperation, Körperbewusstsein, Geschicklichkeit
Klassenstufen: 1 – 2
Material: evtl. Keulen, Hütchen
Ort: Sporthalle

Flussüberquerung

A B E

Was wird geschult?
Gleichgewicht, Schnelligkeit, Konzentration, Sozialkompetenz, Kooperation
Klassenstufen: 1 – 6
Material: 2 Bierdeckel pro Kind
Ort: Sporthalle, Sportplatz, Schulhof

Spielbeschreibung: Die Klasse wird in 2 Mannschaften geteilt. Die Mannschaften stehen in Reihen nebeneinander. Jedes Kind hat 2 Bierdeckel (Steine). Auf ein Zeichen des Spielleiters läuft jeweils das erste Kind einer Mannschaft zu einer ca. 10 m entfernten Linie (das andere Flussufer). Nun müssen die anderen Kinder den Läufern die »Steine« nacheinander so zuwerfen, dass die Läufer auf diesen zurück zur Mannschaft kommen. Ist der erste Läufer wieder zurück, läuft der nächste los.
Die Kinder müssen zu einem Bierdeckel Kontakt haben.
Welche Mannschaft ist zuerst einmal durch?
Variation: Es muss nicht unbedingt der Fuß den Deckel berühren. Auch die Hand kann sich auf den Deckel stützen.
Tipps:
– Man kann auch gebastelte Pappdeckel nehmen.
– Die zu überwindende Strecke sollte nicht zu lang sein.

Figuren bilden

A B E

Was wird geschult?
Koordination, Kooperation, Sozialkompetenz, visuelle Wahrnehmung, Vorstellungsfähigkeit
Klassenstufen: 1– 5
Material: evtl. ruhige Musik
Ort: Sporthalle, Schulhof

Spielbeschreibung: Die Spieler stehen in aufgelockerter Form im Raum. Der Spielleiter nennt den Spielern eine Figur, die ohne zu reden von der gesamten Gruppe (oder auch von kleineren Gruppen) gebildet werden soll, z. B. ein Kreis, ein Rechteck, ein Dreieck, ein Fragezeichen, ein Doppelpunkt, verschiedene Zahlen, Buchstaben in Druck- oder Schreibschrift. Auf ein akustisches Zeichen hin lösen die Spieler die Figur wieder auf, gehen durch den Raum und warten auf den Zuruf einer neuen Figur.
Tipp: Einigen Kindern fällt es schwer, bei diesem Spiel nicht zu reden. Deshalb sollten zunächst leicht zu bildende Figuren gewählt werden, damit die Schülerinnen und Schüler nicht zu unruhig werden. Je nach Lebendigkeit der Kinder können dann schwierigere Figuren folgen.

Tiger im Dschungel

Spielbeschreibung: Die Kinder bewegen sich nach flotter, rhythmischer Musik durch den Raum. Bei Musikstopp erstarren alle in ihrer Bewegung und setzen bei wieder einsetzender Musik das in Bewegung um, was der Spielleiter ansagt:
– Du bist ein Tiger im Dschungel. Stampfe laut durch den Raum und fauche dabei.
– Schleiche auf Samtpfoten durch den Wald.
– Lege dich auf die Lauer.
– Springe in Angriffshaltung und verharre für kurze Zeit.
– Springe auf den nächststehenden Partner zu, ohne ihn zu berühren und brülle ihn in Kauerstellung an. Nach dem Brüllen richte dich auf, hebe freundlich deine Pfoten und klopfe ihm liebevoll auf die Schultern.
– Ihr seid nun ein Tigerpärchen. Krault euch abwechselnd liebevoll das Tigerfell.

A B E

Was wird geschult?
Reaktionsvermögen, auditive Wahrnehmung, Körperbewusstsein, Sozialkompetenz, Kooperation, taktile Wahrnehmung
Klassenstufen: 1 – 4
Material: Musik
Ort: Sporthalle, Schulhof, Wiese

Magnete

Spielbeschreibung: Alle Kinder laufen zur Musik durch die Halle. Bei Musikstopp nennt der Spielleiter einen Körperteil, der magnetisch ist, z. B. rechter Ellbogen, Rücken, Nase, Po usw. Nun müssen sich schnell Paare finden, die sich an den genannten Körperteilen berühren. Die Körperteile sind so lange magnetisch, bis die Musik wieder einsetzt. Bei der nächsten Magnetbenennung müssen sich wieder andere Paare bilden.

Variationen:
– Der genannte Körperteil muss bei Musikstopp den Boden berühren.
– Es werden 2 Gruppen gebildet. Jede Gruppe hat einen anderen magnetischen Körperteil (z. B. rechter Arm und linker Fuß). Bei Musikstopp bilden sich dann Paare aus beiden Gruppen.

A B E

Was wird geschult?
Reaktionsvermögen, taktile Wahrnehmung, Sozialkompetenz, Kooperation
Klassenstufen: 1 – 5
Material: Musik
Ort: Sporthalle, großer Raum

Turnlehrer gesucht

A B E

Was wird geschult?
Reaktionsvermögen, Konzentration, Kreativität, visuelle Wahrnehmung, Kooperation
Klassenstufen: 1 – 6
Ort: Sporthalle, Klassenraum, Wiese

Spielbeschreibung: Ein Kind wird als Ratekandidat weggeschickt, so dass es die Absprache der Gruppe weder hören noch sehen kann. Alle anderen Kinder stehen im Kreis. Jetzt wird ein Kind als Turnlehrer bestimmt, der wechselnde Übungen ohne zu sprechen vormachen soll. Der Kandidat wird wieder zur Gruppe zurückgerufen und soll herausfinden, wer der Turnlehrer ist. Alle Mitspieler machen die gymnastischen Übungen des Turnlehrers nach, die er nach einiger Zeit ändert.
Natürlich dürfen nicht alle Kinder zugleich auf ihren Turnlehrer sehen, sonst hätte der Kandidat leichtes Spiel.
Variation: Das Spiel ist auch als Dirigentenspiel bekannt. Dabei spielt der Dirigent pantomimisch Instrumente, die die anderen nachahmen, und der Kandidat muss den Dirigenten erraten.

Hampelmannmemory

A B E

Was wird geschult?
Konzentration, Koordination, Kreativität, visuelle Wahrnehmung, Kooperation, Körperbewusstsein
Klassenstufen: 1 – 4
Ort: Sporthalle, Klassenraum, Wiese

Spielbeschreibung: 2 Kinder werden vor die Tür geschickt. Die anderen Kinder finden sich zu Paaren zusammen. Jedes Paar überlegt sich eine Bewegung, die beide Kinder genau gleich ausführen müssen, z. B. auf einem Bein hüpfen, Kniebeugen machen usw. Dabei darf jede Bewegung nur einmal vorkommen. Nun setzen sich alle in den Kreis, aber so, dass die Paare nicht nebeneinander sitzen.
Die beiden Kinder werden hereingeholt und sollen die Hampelmannpaare finden. Einer von beiden zeigt auf ein Kind, das nun seine Bewegung macht, danach auf das nächste. Wenn beide Bewegungen gleich sind, bekommt er das Hampelmannpaar und er darf weiterraten. Wenn nicht, ist der andere an der Reihe. Jeder sammelt seine Hampelmannpaare außerhalb des Kreises. Schaffen es die beiden, alle Paare herauszufinden?
Variation: Statt Bewegungen können die Kinder auch Grimassen schneiden, also ein Fratzenmemory spielen.

Artistenschule

Spielbeschreibung: 2 Kinder stehen sich jeweils auf einem Bein gegenüber und balancieren gemeinsam einen Stab auf den Füßen. Welches Paar kann seinen Stab am längsten auf den Füßen halten? Welches Paar kann so eine bestimmte Strecke hüpfend zurücklegen?

Variationen: In der 3er-Gruppe: 2 Kinder halten einen Stab mit beiden Händen an beiden Enden fest. Ein drittes Kind setzt sich auf den gehaltenen Stab und lässt sich tragen. Welche 3er-Gruppe kann einen vorgegebenen Weg am schnellsten zurücklegen? Wer kann vielleicht freihändig auf dem Stab sitzen?

2 Kinder sitzen sich gegenüber und halten 2 Stäbe fest. Sie führen diese kurz über dem Boden zusammen und dann wieder auseinander. Ein drittes Kind steht zwischen den Stäben und versucht rechtzeitig hochzuspringen, bevor es von den Stäben berührt wird.

Zu zweit mit 3 Stäben: Jedes Kind hält einen Stab am Ende fest. Der dritte Stab muss waagerecht zwischen den anderen beiden Stäben eingeklemmt und dann zum Ziel balanciert werden. Welches Paar legt eine vorgegebene Strecke am schnellsten zurück?

A B E

Was wird geschult? Geschicklichkeit, Sozialkompetenz, Kooperation, Kraft
Klassenstufen: 3 – 4
Material: Gymnastikstäbe
Ort: Sporthalle, Wiese

Uhrzeiger

A B E

Was wird geschult?
Geschicklichkeit, Kooperation, Körperbewusstsein, Gleichgewicht, Kraft
Klassenstufen: 1 – 4
Material: Gymnastikreifen
Ort: Sporthalle

Spielbeschreibung für die Klassen 1 – 2: Die Kinder gehen paarweise in den Liegestütz vorlings. Die Füße befinden sich in der Mitte des Gymnastikreifens und die Hände außerhalb. Die Fußsohlen berühren sich fest (6-Uhr-Stellung).
Die Kinder beginnen nun, wie die Zeiger einer Uhr, nach rechts oder links zu wandern (stützeln). Die Füße bleiben im Gymnastikreifen. Jedes Kind versucht, bis an den Ausgangsort der Bewegung zu gelangen. Die Kinder können aber auch die Bewegung, so weit sie es schaffen, ausführen. Welches Paar hält am längsten durch?
Variation für die Klassen 3 – 4: Die Kinder finden sich zu Paaren zusammen. Ein Kind stellt den Minutenzeiger, das andere Kind stellt den Stundenzeiger dar. Jetzt gibt der Spielleiter Uhrzeiten vor, die von den Kindern eingenommen werden sollen. Welches Paar schafft es?
Tipps:
– Zur besseren Orientierung für die Kinder kann auf dem Hallenboden eine Uhr aufgezeichnet werden.
– Der Spielleiter kann die Uhr auch an einer Tafel in der Turnhalle anzeichnen und das Spiel kurz erläutern.

Baumstämme rollen

Spielbeschreibung: Ein Kind legt sich in Rückenlage auf das obere Ende einer Matte. Die Arme können am Kopf vorbei, gestreckt gehalten – seitlich am Körper angelegt – oder auf der Brust verschränkt werden. Dabei wird der Körper fest angespannt.
Ein zweites Kind versucht, diesen Baumstamm zum anderen Ende der Matte zu rollen. Am Ende der Matte erfolgt ein Wechsel der Rollen.

Variationen:

– 2 Kinder legen sich entgegengesetzt auf den Rücken (Kopf an Kopf). Sie strecken sich die Arme zu und erfassen ihre Hände. Der Körper wird fest angespannt. Der Spielleiter prüft die Muskelspannung an den Beinen oder am Bauch. Auf ein Zeichen rollen alle Baumstämme in eine vorher festgelegte Richtung.

– Die Kinder rollen alleine von einer schiefen Ebene herunter.

A B E

Was wird geschult?
Körperspannung, Körperbewusstsein, Konzentration, Sozialkompetenz, Kooperation

Klassenstufen: 1 – 4

Material: Bodenmatten, Sprungbretter

Ort: Sporthalle

Aufstehen

A B E

Was wird geschult?
Kooperation, Gleichgewicht, taktile Wahrnehmung
Klassenstufen: 1 – 6
Ort: Sporthalle, leerer Raum, Wiese

Spielbeschreibung: 2 Spieler stellen sich Rücken an Rücken und verschränken kreuzweise ihre Arme ineinander. Dann setzen sie sich langsam auf den Boden und strecken die Beine aus. Nun versuchen die beiden, wieder aufzustehen, indem sie sich Rücken an Rücken hochschieben.
Nun wird die Übung mit 3, 4, 5 und mehr Spielern versucht. Wer bricht den Rekord?
Variationen: Sind die Spieler im gemeinsamen Aufstehen schon geübt, kann daraus ein Wettlaufspiel werden. 4 oder mehr Kinder bilden eine Mannschaft und sitzen mit ausgestreckten Beinen am Boden. Auf Kommando stehen sie gemeinsam auf und laufen – ohne sich loszulassen – zu einem vereinbarten Zielpunkt.

Maibaum aufstellen

A B E

Was wird geschult?
Körperbewusstsein, Körperspannung, Sozialkompetenz, Konzentration, Kooperation, taktile Wahrnehmung
Klassenstufen: 2 – 4
Material: Matten
Ort: Sporthalle

Spielbeschreibung: Je 4 Kinder finden sich auf einer Matte zusammen. Ein Kind aus dieser Gruppe legt sich in Rückenlage, die Arme seitlich am Körper angelegt, auf die Matte. Das liegende Kind spannt alle Muskelgruppen fest an.
Nun wird das Kind auf die Füße gestellt (der Maibaum gerichtet). Dazu fasst ein am Kopfende stehender Mitspieler dem liegenden Kind unter den Kopf. Die 2 anderen Kinder stehen neben dem Liegenden und erfassen dicht unter der Achsel die Oberarme. Auf ein vereinbartes Zeichen durch den Liegenden versuchen die 3 Kinder, den Liegenden auf die Füße zu stellen.
Anschließend wird das Kind wieder langsam zurück in die Rückenlage gebracht. Die Kinder wechseln selbstständig, jedes soll einmal der Maibaum sein.

Schweben

Spielbeschreibung: Die Kinder probieren aus, wie stark die Muskeln angespannt werden müssen, damit man »schweben« kann. Dazu setzt sich jedes Kind zwischen 2 Kastendeckel auf die Matten. Die Füße werden auf den einen, Kopf und Schultern auf den anderen Kastendeckel gelegt. Der Abstand zwischen den Kastenteilen richtet sich nach der Größe der Kinder.
Nun versucht das Kind den Körper so anzuspannen, dass sich das Gesäß vom Boden löst. Ein anderes Kind rollt einen Ball unter dem Rücken hindurch. Wer das Gesäß so hoch halten kann, dass der Ball darunter durchrollt, hat die Lizenz zum Schweben erworben.
Fortführung in Klasse 3 – 4: Acht Kinder finden sich auf einer Turnmatte zusammen. Ein Kind liegt in Rückenlage auf der Matte, die Arme sind seitlich am Körper angelegt, die Muskelgruppen fest angespannt. 3 Kinder erfassen das liegende Kind (wie im Spiel »Maibaum aufstellen« beschrieben).
Die nächsten 2 Kinder stehen auf Hüfthöhe und greifen unter das Gesäß. 2 weitere Kinder stehen auf Kniehöhe und greifen unter den Ober- oder Unterschenkel. Auf ein Zeichen des Liegenden heben alle 7 Kinder das liegende Kind gleichzeitig bis auf Hüfthöhe an.
Das nun schwebende Kind wird ein paar Sekunden in der Luft gehalten und anschließend behutsam wieder abgelegt.
Variation: Die Gruppe trägt das schwebende Kind an einen anderen Ort.
Tipp: Jedes Kind sollte einmal »schweben« dürfen.

A B E

Was wird geschult?
Körperspannung, Körperbewusstsein, Konzentration, Sozialkompetenz, Kooperation, taktile Wahrnehmung
Klassenstufen: 1 – 2
Material:
2 Kastendeckel,
2 Bodenmatten,
1 Medizinball (1 kg)
Ort: Sporthalle

Uhrpendel

A B E

Was wird geschult?
Körperspannung, Konzentration, Körperbewusstsein, Sozialkompetenz, Vertrauen, taktile Wahrnehmung, Kooperation
Klassenstufen: 3 – 4
Ort: Sporthalle, Wiese

Spielbeschreibung: 2 Kinder stehen sich in Schrittstellung gegenüber. Ein drittes Kind stellt sich zwischen beide und macht sich »steif«. Es wird vorsichtig von den beiden anderen Kindern hin und her bewegt und soll dabei seine Körperspannung beibehalten.

Tipps:

– Die Kinder sollten ungefähr die gleiche Körpergröße und ein ähnliches Körpergewicht haben.

– Werden die Kinder sicherer, dürfen sie ihren Abstand voneinander vergrößern.

– Die Kinder bewegen das »Pendel« durch Druck an den Schulterblättern hin und her. Dabei streckt ein Kind die Arme nach vorn, um das Pendel von sich wegzuschubsen und das andere Kind fängt das Pendel mit leicht angewinkelten Armen federnd ab und schiebt es anschließend wieder zurück.

– Da das Kind in der Mitte für diese Übung sehr viel Vertrauen braucht, sollte es sich seine Mitspieler frei auswählen können.

Stehaufmännchen

Spielbeschreibung: Die Kinder bilden Gruppen von je 6 oder 8 Kindern, die sich im Innenstirnkreis aufstellen. Jeweils ein Kind jeder Gruppe stellt sich als Stehaufmännchen in die Mitte des Kreises. Die Füße stehen eng beieinander, die Beine sind durchgedrückt und der Körper ist ganz steif angespannt.
Die Kinder im Innenstirnkreis müssen darauf achten, dass sie alle den gleichen Abstand zu dem Kind in der Mitte haben. Wenn sie das Kind in der Mitte mit leicht angewinkelten Armen berühren können, stimmt die Entfernung.
Das Kind in der Mitte lässt sich auf ein Zeichen nach vorne oder nach hinten, nach links oder rechts fallen und wird anschließend von den Kindern im Kreis vorsichtig hin- und herbewegt.
Tipp: Jedes Kind, das als Stehaufmännchen durch den Kreis wandern möchte, sollte die Chance dazu erhalten. Da die Kinder für diese Übung ein hohes Maß an Vertrauen brauchen, sollte kein Kind gegen seinen Willen mitmachen müssen.

A B E

Was wird geschult?
Körperspannung, Konzentration, Körperbewusstsein, Sozialkompetenz, Vertauen, Kooperation, taktile Wahrnehmung
Klassenstufe: 4
Ort: Sporthalle, Wiese

Mattenrutschen

A B E

Was wird geschult? Kooperation, Schnelligkeit, Kraft, Materialerfahrung
Klassenstufen: 2 – 6
Material: 2 Weichbodenmatten
Ort: Sporthalle

Spielbeschreibung: Die beiden Matten werden mit der glatten Seite nach unten nebeneinander, einige Meter von der Wand entfernt platziert. Die Gruppe bildet 2 Mannschaften. Die Kinder jeder Mannschaft stellen sich paarweise 2 – 3 m von den Matten entfernt mit dem Rücken zur Wand auf. Jeweils das erste Paar der beiden Mannschaften läuft los, rennt und wirft sich mit Schwung so auf die Matte, dass diese ein Stück nach vorne rutscht. Während die beiden Paare außen an ihrer Seite zurücklaufen und sich wieder bei ihrer Mannschaft hinten anstellen, starten die nächsten Paare usw. Welche Mannschaft kommt zuerst mit der Matte an der anderen Hallenwand an?

Wichtig ist, dass die Partner gleich schnell laufen und sich gleichzeitig auf die Matte werfen, um möglichst viel Schwung zu bekommen.

Variation:

– Wenn nur eine Weichbodenmatte zur Verfügung steht, kann man die Zeit messen, die die Gruppe bis zur anderen Seite braucht und diese beim nächsten Durchgang zu übertreffen versuchen.

– Es gibt verschiedene Möglichkeiten, sich auf die Matte zu werfen (Landung auf dem Bauch, Rücken, Hinterteil ...), die alle ausprobiert werden können.

Wahrnehmen und Entspannen

4. Kapitel

Wahrnehmen und Entspannen

Wahrnehmungs- und Entspannungsübungen gehen immer mehr in den Schulalltag ein. So integriert z. B. die ganzheitliche Sicht der Psychomotorik emotionale, kognitive und soziale Aspekte des kindlichen Lernens. Für eine harmonische Persönlichkeitsentwicklung ist es besonders in der heutigen Zeit von großer Bedeutung, dass Kinder vielseitige Wahrnehmungs- und Entspannungserfahrungen machen können.
Körpererfahrung ist eng an die Funktion der Sinnesorgane geknüpft und bietet so besondere Chancen für das »Lernen mit allen Sinnen«. In unseren Spielen finden sich dazu zahlreiche Beispiele, die Bewegungserlebnisse zur Sensibilisierung der räumlichen, taktilen, visuellen und auditiven Wahrnehmung bieten.
Voraussetzung für das Erleben von Spannung und Entspannung ist das bewusste Wahrnehmen der eigenen körperlichen und seelischen Befindlichkeit. Für in dieser Hinsicht noch ungeübte Kinder, aber auch Lehrerinnen und Lehrer, ist es günstiger, in einer kleineren Lerngruppe (z. B. im Förderunterricht) zu beginnen. Damit die Übungen gelingen und die Kinder die wohltuende Wirkung der Entspannung genießen können, sind einige wichtige Voraussetzungen – sowohl vom Spielleiter als auch von der Gruppe – zu beachten.

Verhalten des Spielleiters:
– Eine ruhige, entspannte Haltung des Spielleiters ist Voraussetzung für eine entspannte Haltung der Kinder.
– Der Spielleiter sollte nach Möglichkeit aus eigener Erfahrung (z. B. aus Fortbildungen) Wahrnehmungs- und Entspannungsübungen und deren Wirkung kennen, um sie authentisch vermitteln zu können.
– Die unterschiedlichen persönlichen Erlebnisse und Empfindungen der Kinder während dieser Übungen sind vom Spielleiter (und auch von der Gruppe) unbedingt zu respektieren.
– Den Kindern sollte in jedem Fall die Gelegenheit zur Reflexion ihrer Empfindungen gegeben werden. Jedes Kind muss frei entscheiden können, ob es sich zu seinen Erfahrungen äußern oder seine Erlebnisse während der Übung für sich behalten möchte.
– In jedem Fall sollten anschließende Gespräche in einer ruhigen, offenen und toleranten Atmosphäre stattfinden.

Verhalten der Kinder:
– Jedes Kind entscheidet selbst, ob es an der jeweiligen Übung teilnehmen möchte.
– Die Kinder sollten lernen, bei Fehlversuchen nicht gleich aufzugeben, sondern noch einmal neu zu beginnen.
– Um sich an die neue Arbeitsform zu gewöhnen, brauchen die Kinder viel Zeit, die sie sich auch nehmen sollten.

Fast alle Spiele dieses Kapitels sind nicht nur für die Sporthalle, sondern auch sehr gut für den Klassenraum geeignet und somit für die tägliche Bewegungszeit oder als Stilleübung einzusetzen. Vielen Schulen steht für die dritte Sportstunde keine Sporthalle zur Verfügung. Mit diesen Spielen lässt sich problemlos eine Bewegungsstunde im Klassenraum durchführen.

Literaturempfehlungen: Alexander, Gerda: Eutonie – Ein Weg zur körperlichen Selbsterfahrung. Kösel Verlag, München 1980 I Burk, Karlheinz (Hrsg.): Kinder finden zu sich selbst I Arbeitskreis Grundschule, Frankfurt a. Main 1984 I Furlan, Elisabetta: Komm wir spielen Yoga. Bauer Verlag, Freiburg i. Br. 1991 I Kreusch-Jacob, Dorothee: Lieder aus der Stille + MC. Patmos, Düsseldorf 1995 I Krombusch, Gerhard: Mit Kindern auf dem Weg in die Stille. Impulse-Musikverlag, Drensteinfurt 1989 I Müller, Doris: Phantasiereisen im Unterricht. Westermann, Braunschweig 1984 I Murdock, Maureen: Dann trägt mich meine Wolke + MC. Bauer Verlag, Freiburg i. Br. 1990 I Vopel, Klaus: Kinder ohne Stress. iskopress, Salzhausen

CDs und Kassetten zum Entspannen: Dahlke, Rüdiger: Märchenland. Edition Neptun, München I Fink, Monika/Schneider, Ralf: Bewegen und Entspannen nach Musik. Verlag an der Ruhr, Mülheim /Ruhr 1994 I Kreusch-Jacob, Dorothee: Das Wolkenboot – Neue Klangbilder und Meditationen für Kinder. Patmos, Düsseldorf 1996 I Poeplau, Wolfgang/ Edelkötter, Ludger: Komm mit zur Quelle. Impulse-Musikverlag, Drensteinfurt 1989.

Roboterspiel

A B E

Was wird geschult? Vertrauen, taktile Wahrnehmung, Kooperation, Reaktionsvermögen
Klassenstufen: 1 – 6
Material: ruhige Musik
Ort: Sporthalle, evtl. auch Klassenraum (Klasse in 2 Gruppen einteilen)

Spielbeschreibung: Die Kinder stellen sich jeweils zu zweit hintereinander auf. Das Kind, das vorn steht, ist der Roboter, das hintere dessen Programmierer. Der Roboter steht mit angewinkelten Armen und geschlossenen Augen. Durch Druck auf imaginäre Knöpfe erhält er von seinem Partner Informationen. Mitten auf dem Kopf befindet sich der Knopf für »Start« und »Stopp«. Ein Druck auf die rechte Schulter bedeutet: Vierteldrehung nach rechts, Druck auf die linke Schulter: Vierteldrehung nach links.
Wenn die Musik beginnt, drückt der Programmierer auf den Startknopf und der Roboter bewegt sich langsam geradeaus. Die Richtung wird durch einen Knopfdruck auf die rechte bzw. linke Schulter geändert, wenn der Roboter einer Wand oder einem entgegenkommenden Roboter ausweichen muss. Der Roboter folgt so lange mit geschlossenen Augen den Zeichen seines Partners, bis die Musik ausklingt. Die Partner erzählen sich nun, wie das Spiel für sie gewesen ist und tauschen dann die Rollen.
Variation: Sobald die Spielgruppe in der Lage ist, das Spiel ruhig und umsichtig durchzuführen, können die Anforderungen gesteigert werden. Jeder Programmierer ist nun für 2 Roboter verantwortlich. Er beobachtet genau, wann es notwendig wird, einen seiner Roboter zu lenken und läuft dann schnell und leise je nach Bedarf zwischen seinen beiden Robotern hin und her. Da die Roboter langsam gehen und die Arme angewinkelt halten, können sie mit den Fingerspitzen eine Wand oder einen entgegenkommenden Roboter spüren. Sie gehen nun so lange auf der Stelle, bis der Programmierer bei ihnen ist und ein neues Zeichen gibt.

In der Sporthalle kann man die Anzahl der Roboter, für die ein Programmierer verantwortlich ist, noch weiter steigern.
Tipp: Manche Kinder führen ihren Roboter nicht aufmerksam genug. Oft können sie diese Aufgabe besser erfüllen, wenn sie zunächst einmal den anderen Kindern zuschauen. Dadurch erkennen sie, worauf es beim Führen des Roboters ankommt.

Knotenmutter

A B E

Was wird geschult?
Koordination, Gleichgewicht, Sozialkompetenz, visuelle Wahrnehmung, Vorstellungsfähigkeit
Klassenstufen: 1 – 4
Ort: Sporthalle, Klassenraum, Wiese

Spielbeschreibung: Ein Kind wird als »Knotenmutter« vor die Tür geschickt, so dass es nicht sehen kann, wie die Gruppe sich nun verknotet.
Die anderen Spieler bilden einen Kreis und geben sich die Hände. Nun beginnen sie sich zu verknoten, ohne die Hände loszulassen. Ein Kind kann z. B. unter den Händen der anderen Kinder durchgehen, die ihm gegenüberstehen. Die Kinder, die es an den Händen hält, müssen ihm folgen. Die Mitspieler können sich links oder rechts herumdrehen oder über Hände steigen. Einzige Bedingung ist immer: Die Nachbarhände dürfen nicht losgelassen werden. Wenn die Mitspieler fertig sind, rufen sie gemeinsam: »Knotenmutter!« Die Knotenmutter soll nun die Kinder wieder in die Ausgangsposition zurückbringen. Sie muss Bewegungen und Richtungen erkennen, die die Kinder gewählt haben, um die Verknotungen wieder rückgängig zu machen.
Tipp: Der Spielleiter sollte die Knotenmutter selbst auswählen, da der Anspruch an sie relativ hoch ist.

Grimassenlauf

A B E

Was wird geschult? Sozialkompetenz, visuelle Wahrnehmung
Klassenstufen: 1 – 6
Ort: Sporthalle, Wiese

Spielbeschreibung: Alle Kinder stehen sich paarweise gegenüber und bilden eine etwa 2 m breite Gasse. Die 2 letzten Spieler gehen langsam mit ernster Miene durch die Gasse. Die anderen müssen durch Grimassen und witzige Zurufe versuchen, den Spieler der jeweils anderen Reihe, der durch die Gasse geht, zum Lachen zu bringen. Sie dürfen ihn allerdings nicht berühren. Gelingt es ihnen, bekommen sie den Spieler als zusätzliches Mitglied in ihre Reihe.
Welche Reihe hat zum Schluss – nachdem alle einmal den Grimassenlauf gemacht haben – die meisten Mitglieder?

Zublinzeln

A B E

Was wird geschult? Reaktionsvermögen, Sozialkompetenz, visuelle Wahrnehmung
Klassenstufen: 1 – 6
Ort: Sporthalle, Klassenraum, Wiese

Spielbeschreibung: Die Kinder stehen paarweise hintereinander im Kreis. Diejenigen, die hinten stehen, halten ihre Hände hinter ihrem Rücken verschränkt. Ein Kind steht allein. Durch Augenzwinkern versucht es, den Vordermann eines Paares zu sich zu locken. Der hinter ihm stehende Partner versucht ihn festzuhalten. Gelingt ihm das nicht, und der Vordermann kann weglaufen, beginnt das Spiel wieder von neuem. Der Mitspieler, den man zu sich geblinzelt hat, stellt sich als Hintermann auf.
Das Zuzwinkern muss recht schnell und für die »Hintermänner« möglichst schlecht sichtbar sein.
Tipp: Der Spielleiter sollte darauf achten, dass alle Kinder einmal ins Spiel kommen.

Sprechende Füße

A B E

Was wird geschult? Sozialkompetenz, taktile Wahrnehmung
Klassenstufen: 1 – 6
Ort: Sporthalle, Klassenraum, Wiese

Spielbeschreibung: 6 bis 8 Kinder bilden auf dem Rücken liegend einen Kreis. Die Füße zeigen zueinander. Sie erhalten folgende Anweisung: »Nimm Kontakt zu den Füßen der anderen auf. Ertaste die Füße der Mitspieler. Nimm die Verschiedenheit der Füße wahr.«
Variation: Füße können auch streicheln, streiten oder Freude ausdrücken. Der Fantasie von Lehrer/innen und Schüler/innen sind hier keine Grenzen gesetzt.
Tipps:
- Schuhe sollten bei diesem Spiel ausgezogen werden.
- Die Kinder sollten Gelgenheit zum Erfahrungsaustausch haben.

Pantomimische Post

Spielbeschreibung: Die Mitspieler stehen im Kreis. Der Spielleiter gibt zu einer Seite hin einen gedachten Gegenstand weiter, z. B. einen Ball, einen heißen Topf, eine Tüte mit Kirschen – aus der er sich vielleicht erst einmal eine herausnimmt, sie isst und dann den Kirschkern ausspuckt. Der gedachte Gegenstand wird nun weitergereicht, ohne zu sprechen. Der letzte Mitspieler darf sagen, welchen Gegenstand er vermutet. Ist seine Vermutung richtig, beginnt das Spiel von neuem. Ist die Vermutung nicht richtig, darf er trotzdem die nächste Spielrunde einleiten. Die Anordnung der Kinder im Kreis ist nicht unbedingt notwendig. Die Sitzform z. B. im Klassenraum kann auch beibehalten werden.

Tipp: Meistens wollen alle Spieler zum Schluss sagen, was sie sich unter dem pantomimisch weitergereichten Gegenstand vorgestellt haben. Dazu sollten sie die Gelegenheit bekommen.

Variation: Der pantomimisch dargestellte Gegenstand wird beim Weitergeben verändert (für ältere Kinder geeignet).

A B E

Was wird geschult? Reaktionsvermögen, Konzentration, visuelle Wahrnehmung, Sozialkompetenz, Vorstellungsfähigkeit

Klassenstufen: 1 – 6

Ort: Sporthalle, Klassenraum, Wiese

»Burgtor öffne Dich!«

A B E

Was wird geschult?
Sozialkompetenz, taktile Wahrnehmung
Klassenstufen: 1 – 6
Ort: Sporthalle, Klassenraum, Wiese

Spielbeschreibung: Die Klasse wird in eine Mädchen- und eine Jungengruppe eingeteilt. Die eine Gruppe geht hinaus, die andere bildet einen engen Kreis (die Burg), indem sich die Kinder die Arme um die Schultern legen oder die Hände fassen und Schulter an Schulter stehen. Nun vereinbaren sie ein bestimmtes Verhalten, durch das das Burgtor geöffnet werden kann (z. B. über die Haare kraulen, sanft am Ohr ziehen, den linken Arm streicheln o. ä.). Wenn die andere Gruppe nun hereinkommt, stellt sich jeder hinter einen Spieler der »Burggruppe«. Gemeinsam wird nun von den außen Stehenden abgestimmt und ausprobiert, welche Berührung die Burg öffnen kann. Die »Burggruppe« öffnet das Tor, wenn die richtige Berührung gefunden wurde und integriert dann die andere Gruppe in den Kreis.
Variation: Es können auch gemischte Gruppen gebildet werden.

Spiegelbild

A B E

Was wird geschult?
Sozialkompetenz, visuelle Wahrnehmung
Klassenstufen: 1 – 2
Material: Musik
Ort: Sporthalle, Klassenraum, Wiese

Spielbeschreibung: Die Kinder stehen sich paarweise gegenüber. Vor dem ersten Spieldurchgang einigen sie sich, wer die Rolle des Spiegels übernimmt. Die Aufgabe in diesem Spiel heißt: Der Spiegel ahmt alle Bewegungen nach, die ihm sein Gegenüber zeigt. Das Spiel dauert 1 – 2 Minuten, danach erfolgt ein Rollentausch. Während des Spieles kann langsame Musik abgespielt werden.
Tipp: Wenn die Kinder das Spiel beherrschen, kann das Spiegellied auf S. 87 gespielt werden.

Pferderennen

A B E

Was wird geschult?
Reaktionsvermögen, Vorstellungsfähigkeit, Konzentration, auditive Wahrnehmung, Körperbewusstsein
Klassenstufen: 1 – 4
Ort: Sporthalle, Klassenraum, Wiese

Spielbeschreibung: Die Kinder sitzen oder stehen im Halbkreis mit Blickrichtung auf den Spielleiter und stellen sich vor, sie seien Pferde auf einer Rennbahn.
Der Spielleiter erzählt nun, was alles passiert: »Die Pferde stehen noch vor den Startboxen und scharren mit den Hufen. Einige wiehern auch. Da ertönt der Startschuss! Alle Pferde galoppieren los.«
Jetzt klatschen alle Kinder mit den Händen im gleichmäßigen, schnellen Rhythmus auf die Oberschenkel.
»Linkskurve!« Alle legen sich nach links.
»Rechtskurve!« Alle legen sich nach rechts.
»Brücke!« Alle trommeln mit den Fäusten auf den oberen Brustkorb.
»Hindernis!« Alle erheben sich kurz von ihrem Sitz, springen auf und heben die Arme dabei hoch.
»Doppelhindernis!« Alle erheben sich zweimal von ihren Sitzen, springen zweimal auf und nehmen die Arme dazu hoch.
»Wassergraben!« Alle bewegen mit Zeige- und Mittelfinger ihre Unterlippe und machen dazu die entsprechenden Blubberlaute.
»Zuschauertribüne!« Alle lächeln den Zuschauern zu.
»Ziel!« Das Klatschen auf die Oberschenkel wird langsamer und alle atmen erleichtert auf.
»Pressefoto!« Alle stellen sich in Pose.
Tipp: Der Spielleiter kann sich noch mehr Bewegungen und Geräusche einfallen lassen: Der Fantasie sind bei diesem Spiel keine Grenzen gesetzt.

Zöpfe flechten

A B E

Was wird geschult? Koordination, Kooperation, Geschicklichkeit
Klassenstufen: 2 – 4
Material: pro Mitspieler ein Seilchen oder eine andere dicke Schnur
Ort: Sporthalle, Wiese, Schulhof, evtl. Klassenraum

Spielbeschreibung: Vor Beginn des Spiels sollte der Spielleiter prüfen, ob alle Kinder Zöpfe flechten können. Wer es noch nicht kann, schaut zunächst zu und lernt es auf diese Weise. Jeweils 4 Kinder bilden ein Team und erhalten 3 Seile. An dem einen Ende hält ein Kind alle 3 Seile fest, die 3 übrigen Kinder nehmen sich je eins der anderen Enden. Es soll nun ein Zopf geflochten werden, indem die 3 Kinder durch die richtigen Bewegungen die Seile verflechten. Zuerst müssen sie mit den langen Seilen viele Schritte laufen, zum Ende hin werden es immer weniger. Der Zopf soll schön fest geflochten werden.
Variation: Wenn man mit 4 Seilen arbeitet, sieht es noch schöner aus, da ein richtiges Band entsteht. Hierfür ist aber ein hohes Maß an Koordination erforderlich.
Tipp: Im Klassenraum können nur einige 4er-Gruppen spielen, während die anderen beobachten. Mit Musik wird die Aktion noch schöner.

Automatische Gliederpuppe

A B E

Was wird geschult? Koordination, Konzentration, Gleichgewicht, Sozialkompetenz, Kreativität, visuelle Wahrnehmung
Klassenstufen: 1 – 6
Ort: Sporthalle, Klassenraum, Wiese

Spielbeschreibung: Die Spieler stehen in einem großen Kreis, so dass alle Blickkontakt miteinander haben. Der Spielleiter beginnt mit einer einfachen Bewegung, die immer wieder ausgeführt wird, z. B. den rechten Unterarm nach vorne gestreckt heben und senken.
Alle Mitspieler machen diese Bewegung nach, die nun von dem nächsten Mitspieler ergänzt wird, z. B. durch ein Nicken mit dem Kopf. Von einem Mitspieler zum nächsten bekommt die »automatische Gliederpuppe« immer mehr Körperteile, die eine bestimmte Bewegung ausführen. Wenn ein Mitspieler keine Ergänzung mehr findet, »zieht er den Stecker heraus«, d. h. die »automatische Gliederpuppe« fällt in sich zusammen.
Das nächste Kind beginnt wieder mit einer ersten Bewegung.
Tipps:
– Bei den ersten Spielversuchen fällt die »automatische Gliederpuppe« oft schon nach einigen Bewegungen zusammen, weil dem nächsten Mitspieler nichts mehr einfällt. Bei jedem weiteren Spiel werden die Bewegungsmöglichkeiten der Puppe größer.
– Man sollte das Spiel möglichst nicht mehr als zweimal hintereinander spielen.

Bildhauer

Spielbeschreibung: 2 Partner finden sich zusammen als »Bildhauer« und »Skulptur«. Der »Bildhauer« formt seine »Skulptur« aus etwa 2 – 3 m Entfernung, indem er seinem Partner nur durch Fingerspitzensignale zu verstehen gibt, welche Körperteile er in welcher Weise verändern soll.
Die »Skulptur« führt die Veränderungen so aus, wie sie sie versteht. Es darf nicht geredet werden und der »Bildhauer« darf keine Bewegung vormachen. Der »Bildhauer« gibt seinem Partner durch eine Geste zu verstehen, wenn das Kunstwerk vollendet ist. Die »Skulpturen« bleiben für eine kurze Zeit erstarrt und die »Bildhauer« können sich die anderen Kunstwerke ansehen.
Nach Auflösung der »Skulpturen« sollten die Kinder Gelegenheit haben, sich über Verständigungsschwierigkeiten zu unterhalten. Danach werden die Rollen getauscht.
Variation: Die »Bildhauer« suchen sich eine andere »Skulptur« aus und verändern diese. Danach werden die Rollen getauscht.

A **B** E

Was wird geschult?
Reaktionsvermögen, Konzentration, visuelle Wahrnehmung, Sozialkompetenz, Körperbewusstsein, Kreativität
Klassenstufen: 2 – 6
Material: evtl. ruhige Musik
Ort: Sporthalle, Klassenraum, Wiese

Der Schatten

Spielbeschreibung: Die Kinder stellen sich paarweise auf. Die Aufgabe besteht darin, dass ein Kind dem anderen wie ein Schatten folgt. Dies geschieht möglichst lautlos. Der Schatten führt alle Bewegungen, die ihm sein Vorgänger zeigt, genauso aus.
Die Spieldauer beträgt 1–2 Minuten, danach erfolgt ein Rollentausch. Während des Spiels kann langsame Musik abgespielt werden.
Variation: Schön ist dieses Spiel auch, wenn Chiffontücher oder Ballons zur langsamen Musik bewegt werden. Der Schatten muss diese Bewegungen natürlich genauso ausführen.

A **B** E

Was wird geschult?
Sozialkompetenz, visuelle Wahrnehmung
Klassenstufen: 1 – 2
Material: Musik, evtl. Tücher, Ballons
Ort: Sporthalle, Klassenraum, Wiese

Dies ist eine Gabel

A **B** E

Was wird geschult?
Konzentration, auditive Wahrnehmung, Reaktionsvermögen, Sozialkompetenz
Anzahl der Spieler: 8 – 15
Klassenstufen: 3 – 6
Material: 2 Gegenstände
Ort: Sporthalle, Klassenraum, Wiese

Spielbeschreibung: Die Mitspieler sitzen oder stehen im Kreis. Der Spielleiter gibt nun einen Gegenstand an seinen rechten Mitspieler weiter und sagt: »Dies ist eine Gabel.« Bevor der Mitspieler den Gegenstand nimmt, fragt er: »Was ist das?« Auf die Antwort: »Das ist eine Gabel!«, sagt er: »Aha, eine Gabel! Danke!« Nun nimmt er den Gegenstand, um ihn an seinen rechten Nachbarn weiterzugeben. Der Gegenstand wird so von Mitspieler zu Mitspieler weiter gereicht. Die Frage: »Was ist das?« geht dabei wie eine Kette immer bis zum Spielleiter zurück und dessen Antwort geht dann wieder über jeden Mitspieler hin bis zu demjenigen, der den Gegenstand dann schließlich mit den Worten annimmt: »Aha, eine Gabel! Danke!« Das geht so lange, bis die Gabel wieder beim Spielleiter angekommen ist.
Nach dieser ersten Runde ist allen Mitspielern das Fragespiel bekannt geworden. In der zweiten Runde gibt der Spielleiter den Gegenstand nach rechts wie schon bekannt weiter und zusätzlich einen zweiten Gegenstand nach links mit den Worten: »Das ist ein Löffel.« Besonders knifflig wird es für den Mitspieler, bei dem sich die Gegenstände begegnen. Aber auch der Spielleiter muss sich sehr konzentrieren, um immer die richtigen Antworten zu geben. Ist der Gruppe das Spiel einmal bekannt, kann man beim nächsten Mal sofort zwei Gegenstände ins Spiel bringen.
Damit das Spiel seinen Reiz nicht verliert, sollten die Gegenstände immer wieder anders bezeichnet werden.
Variation: Wer mehr Bewegung in das Spiel bringen will, kann anstelle eines Gegenstandes ein Tier nennen, das am Ende der jeweiligen Fragekette dargestellt werden muss.
Tipp: Bei jüngeren Kindern sollte man die beiden Gegenstände, die herumgereicht werden, mit dem wirklichen Namen bezeichnen. Älteren Spielern macht es mehr Spaß, wenn die Gegenstände mit witzigen Namen bezeichnet werden.

Die lebendige Matratze

Spielbeschreibung: Vor Beginn des Spiels wird die Gruppe in Teams von 6 – 8 Kindern eingeteilt. Ein Kind ist der »müde Wanderer«. Alle Kinder im Team bis auf den »müden Wanderer« knien sich so auf den Boden, dass die Schultern leicht hochgezogen sind und der Kopf fast den Boden berührt. Die Spieler knien Schulter an Schulter, Hüfte an Hüfte dicht nebeneinander. Auf die Rücken der Spieler werden eine Decke und ein Kissen gelegt.
Nun kommt der »müde Wanderer« in der Nacht in das alte Schloss, legt sich (möglichst locker) auf die »Matratze«, hält sich fest und versucht, nicht herunterzufallen. Wenn er eingeschlafen ist, hört man laute Schnarchgeräusche. Dann ertönen 12 Schläge von der Turmuhr. Nun setzt sich die »Matratze« vorsichtig in Bewegung. Dabei darf sie nicht auseinanderfallen oder den »Wanderer« abwerfen.
Tipp: Besonders bei jüngeren Kindern trägt eine ansprechende Atmosphäre sehr zum Gelingen des Spiels bei. Deshalb ist es wichtig, die Geschichte auszuschmücken und z. B. den Raum zu verdunkeln. Es können auch verschiedene Rollen an die Kinder verteilt werden, z. B. die Turmuhr, eine alte Ritterrüstung usw.

A B E

Was wird geschult?
Kooperation, Koordination, taktile Wahrnehmung, Körperbewusstsein, Vertrauen
Klassenstufen: 3 – 6
Material: pro Team 1 Kissen und 1 Decke
Ort: Sporthalle, Raum mit Teppichboden, Wiese

Bierdeckeljongleur

Spielbeschreibung: Die Kinder gehen aufrecht durch den Raum. Während sie gehen, legt der Spielleiter jedem Kind einen Bierdeckel auf den Kopf. Weitere Bierdeckel werden auf Schultern, Hände, angewinkelte Arme und auf die Füße gelegt. Die Kinder versuchen, so aufmerksam zu gehen, dass nach Möglichkeit keine Bierdeckel hinunterfallen. Auf den Boden gefallene Bierdeckel werden entweder umgangen, ohne darauf zu treten, oder vom Spielleiter für das Spiel weiter verwendet.
Variation: Auch andere Materialien können für das Spiel verwendet werden, z. B. Jogurtbecher, Flaschenkorken, Tücher usw.
Tipps:
– Da die Fähigkeit, das Gleichgewicht zu halten, sehr unterschiedlich ausgeprägt ist, empfiehlt es sich als Vorübung, die Bierdeckel zunächst einmal auf den Handinnenflächen oder auf dem Fußspann zu balancieren.
– In Vorbereitung auf das Spiel können auch Häuser und Türme in Partner- oder Gruppenarbeit aus Bierdeckeln gebaut werden.

A B E

Was wird geschult?
Körperbewusstsein, taktile Wahrnehmung, Gleichgewicht
Klassenstufen: 1 – 6
Material:
ca. 100 Bierdeckel
Ort: Sporthalle, Klassenraum, Schulhof, Wiese

Turnschuhräuber

A B E

Was wird geschult? Konzentration, auditive Wahrnehmung
Klassenstufen: 1 – 4
Material: Turnschuhe der Kinder
Ort: Sporthalle

Spielbeschreibung: Die Spieler sitzen im Außenstirnkreis und ziehen einen Turnschuh aus, den sie hinter sich stellen. Der Turnschuhräuber hockt in seiner »Höhle«, das ist die Mitte des Kreises. Die Kinder legen die verschränkten Arme auf die Knie, legen darauf den Kopf ab und schließen die Augen. Wenn es absolut still ist, schleicht der Turnschuhräuber auf einen Turnschuh zu, um ihn zu stehlen. Glaubt ein Kind, sein Turnschuh würde gestohlen, hebt es einen Arm – die Augen bleiben aber dabei geschlossen und der Kopf gesenkt. Wenn das Kind Recht hat, muss der Räuber wieder in die Kreismitte zurück und einen neuen Versuch starten. Wenn es ihm gelungen ist, einen Schuh in seine Höhle zu bringen, sollte der Turnschuhräuber ausgewechselt werden.
Tipp: Die Kinder kommen zur Ruhe, so dass sich dieses Spiel gut am Ende einer Sportstunde einsetzen lässt.

Stern

A B E

Was wird geschult? Sozialkompetenz, taktile Wahrnehmung
Klassenstufen: 2 – 6
Material: evtl. ruhige Musik
Ort: Sporthalle

Spielbeschreibung: Alle Mitspieler liegen so mit dem Rücken auf dem Boden, dass alle Köpfe in der Mitte einen möglichst kleinen Kreis bilden. Die Augen sind geschlossen. Sehr langsam heben alle ihre Arme, und die Hände spazieren in der Luft, treffen andere Hände, die freundlich begrüßt, ertastet und gestreichelt werden. Nach einiger Zeit greift jede Hand eine andere, nur nicht die eigene und hält sie fest. Mit geöffneten Augen stehen alle auf, wobei sie sich an den Händen weiter festhalten. Dann wird versucht, den Händeknoten zu lösen. Dafür muss man über Hände steigen oder darunter durchkriechen.
Tipp: Es sollten nicht mehr als 10 Spieler beteiligt sein. Ruhige Musik unterstützt besonders die erste Spielphase.

Reicher Mann

Spielbeschreibung: In einem begrenzten Spielraum bewegen sich alle Spieler mit verbundenen Augen. Ein Kind ist »der reiche Mann«. Es bekommt ein Beutelchen mit Pfennigstücken, Murmeln o. ä. Bei jeder Begegnung mit einem anderen Kind bitten die »Armen«: »Gib mir einen Taler!« Wenn sie den reichen Mann nicht getroffen haben, verabschieden sie sich wieder und gehen weiter. Wer dem reichen Mann begegnet, bekommt von ihm leise einen Taler. Ziel ist, den reichen Mann so oft wie möglich zu treffen.
Das Spiel ist beendet, sobald der »reiche Mann« keine Taler mehr hat. Das Kind mit den meisten Talern kann dann in der nächsten Runde den »reichen Mann« spielen.

A B E

Was wird geschult?
Sozialkompetenz, taktile Wahrnehmung
Klassenstufen: 1 – 4
Material: Tücher zum Verbinden der Augen, ein Beutelchen mit Pfennigen, Murmeln o ä.
Ort: Sporthalle, Klassenraum, Wiese

Lehmann sagt

Spielbeschreibung: Der Spielleiter nennt Bewegungsarten, die aber nur ausgeführt werden dürfen, wenn »Lehmann sagt« vorangestellt wurde, also z. B.: »Lehmann sagt: laufen!« Wenn der Spielleiter die Aufforderung ohne »Lehmann sagt« gibt, z. B.: »auf einem Beim hüpfen«, dürfen die Spieler diese Anweisung nicht ausführen.
Variation: Im Klassenraum kann der Spielleiter auch bei Platzmangel Anweisungen nennen, die die Kinder an ihrem Tisch ausführen können, z. B. »Lehmann sagt: mit den Fäusten trommeln!«
Tipp: Um die Kinder zur Ruhe zu führen, sollte der Spielleiter zunächst schnelle Bewegungen, dann immer langsamere nennen. Das Spiel lässt sich auch als Ausscheidungsspiel durchführen.

A B E

Was wird geschult?
Reaktionsvermögen, auditive Wahrnehmung, Konzentration
Klassenstufen: 1 – 6
Ort: Sporthalle, Klassenraum, Wiese

Nummernspiel

A B E

Was wird geschult? Reaktionsvermögen, Konzentration, auditive Wahrnehmung, Sozialkompetenz, Erfassen von Rhythmus
Klassenstufen: 1 – 6
Ort: Sporthalle, Klassenraum

Spielbeschreibung: Alle Mitspieler sitzen im Kreis und zählen durch. Jeder muss sich die Anzahl der Spieler und seine Nummer gut merken.
Diesem Spiel liegt ein gleichmäßiger Bewegungsrhythmus zu Grunde. Alle klatschen einmal mit den Händen auf die Oberschenkel, einmal vor dem Körper in die Hände, einmal zeigt der rechte Daumen über die rechte Schulter und anschließend einmal der linke Daumen über die linke Schulter.
Der Spielleiter nennt bei der Bewegung des rechten Daumens seine Nummer und beim linken Daumen die Nummer eines Mitspielers. Dieser muss nun beim nächsten Durchgang seine eigene Nummer und dann diejenige eines Mispielers nennen.
Der Bewegungsrhythmus sollte ohne Pausen ablaufen, zunächst sehr langsam, bis alle die Reihenfolge beherrschen und dann allmählich schneller werdend. In einer geübten Runde kann man das Spiel als Ausscheidungsspiel durchführen.
Variation: Anstelle von Zahlen nennen die Spieler Namen, also beim rechten Daumen den eigenen und beim linken den eines Mitspielers.

Blinder Fotoapparat

A B E

Was wird geschult? Sozialkompetenz, räumliche Wahrnehmung, visuelle Wahrnehmung, Konzentration
Klassenstufen: 2 – 6
Ort: Sporthalle, Klassenraum, Wiese

Spielbeschreibung: Die Schülerinnen und Schüler finden sich zu Paaren zusammen. Ein Kind ist der »Fotoapparat«, das andere Kind der »Auslöser«. Der »Auslöser« führt den »Fotoapparat«, der seine Augen geschlossen hat, durch den Raum. Hin und wieder führt er den Kopf des Partners ganz dicht vor eine sehenswerte Stelle. Seine Augen sollen das ausgesuchte Objekt ganz nah vor sich haben. Dann drückt er einmal auf den Kopf des »Fotoapparates«. Dieser öffnet ganz kurz seine Augen und schließt sie sofort wieder.
Jetzt führt er den »Fotoapparat« zu einer anderen Stelle, um das nächste Bild zu fotografieren. Nach etwa fünfmaligem Auslösen öffnet der »Fotoapparat« seine Augen und berichtet, welche Bilder er fotografiert hat. Dann werden die Rollen getauscht. Während des Spiels sollte nicht gesprochen werden.
Tipp: Der blinde »Fotoapparat« muss sich gut auf seinen Partner verlassen können. Das führende Kind muss Acht geben, dass der »Fotoapparat« nicht mit anderen Kindern zusammenstößt.

Bello, Bello, dein Knochen ist weg

A B E

Was wird geschult? Sozialkompetenz, auditive Wahrnehmung, räumliche Wahrnehmung, Konzentration
Klassenstufen: 1 – 3
Material: ein Gegenstand (Schlüsselbund, Kuscheltier o. ä.)
Ort: Sporthalle, Klassenraum

Spielbeschreibung: Die Spieler sitzen im Kreis. Ein Kind – der Hund Bello – hockt in seiner Hundehütte (Kreismitte) und schläft. Der Kopf ist gesenkt und die Augen sind mit den Händen verschlossen. Vor ihm liegt der Knochen. Der Spielleiter zeigt auf ein Kind, das den Knochen leise wegnehmen darf. Bello muss genau hinhören, woher sich der Dieb anschleicht. Wenn der Knochendieb wieder auf seinem Platz sitzt und den Knochen hinter seinem Rücken versteckt hat, nehmen alle Kinder die Hände hinter den Rücken und rufen: »Bello, Bello, dein Knochen ist weg!« Bello geht nun zu dem vermuteten Dieb und bellt ihn an. Hat das Kind wirklich den Knochen, werden die Rollen an andere Kinder vergeben. Findet Bello auch nach dem zweiten Versuch nicht den Dieb, darf dieser ein kleines Geräusch von sich geben, z. B. mit dem Schlüsselbund rasseln. So hat Bello einen dritten und eventuell vierten Versuch mit Hilfestellungen. Wenn Bello dann immer noch erfolglos war, sollte er erlöst werden.

Tipp: Das Spiel bringt die Kinder zur Ruhe, so dass es sich gut am Ende einer bewegungsintensiven Sportstunde einsetzen lässt.

Wir wachen auf

A B E

Was wird geschult?
Kooperation,
Konzentration,
Kreativität,
auditive Wahrnehmung
Klassenstufen: 1 – 3
Material: für jedes Kind ein Orffsches Instrument, z. B. Klanghölzer, Holzblocktrommeln, Schellenkränze, Tambourine, Rasseln …
Ort: Sporthalle, Klassenraum

Spielbeschreibung: Jedes Kind hat ein Instrument in der Hand. Alle gehen so leise wie möglich durch den Raum. Der Zauberer (Spielleiter oder ein Kind) kann durch Berührung die stummen Musiker zum Musizieren bringen. Jedes Kind spielt seinen Rhythmus und bewegt sich dazu oder alle Kinder, die spielen dürfen, versuchen, im gleichen Rhythmus zu spielen.
Durch eine erneute Berührung durch den Zauberer verstummen die Musikanten wieder. Nach Wahl spielen wenige, alle oder nur ein Kind. Die übrigen hören zu und bewegen sich weiter stumm im Raum.
Variation: Nur die Hälfte der Klasse erhält Instrumente. Das »Orchester« steht in einer Ecke des Raumes. Jedem »Instrumentenkind« wird ein »Tanzkind« zugeordnet. Die Tänzer sitzen im Raum verteilt und beginnen immer dann sich tanzend zu bewegen, wenn ihr Partner auf dem Instrument spielt.
Wenn die »Instrumentenkinder« nacheinander spielen, entsteht eine kleine Choreografie.

Augen zu!

A B E

Was wird geschult? Körperbewusstsein, Konzentration, Vertrauen, Gleichgewicht
Klassenstufen: 1 – 6
Ort: Sporthalle, Klassenraum, Wiese

Spielbeschreibung: Alle Spieler stehen im Kreis und schließen die Augen. Ein Mitspieler übernimmt die Rolle des Spielleiters und sagt an, welcher Körperteil bewegt werden soll. Während des ganzen Spieles bleiben die Augen geschlossen.
Die Anweisungen können etwa so lauten:
- Setze dich vorsichtig auf den Boden.
- Lege dich auf den Rücken.
- Lege dich auf den Bauch.
- Hebe das rechte Bein hoch.
- Stell dich auf die Zehenspitzen.
- Beuge dich nach vorne.
- Wackele mit dem Kopf.
- Versuche, einen Partner zu berühren.
- Drehe dich im Kreis.
- Lege eine Hand auf deinen Kopf.

Schiffe im Nebel

A B E

Was wird geschult? Sozialkompetenz, auditive Wahrnehmung, Reaktionsvermögen, Konzentration
Klassenstufen: 1 – 6
Material: Tücher zum Verbinden der Augen
Ort: Sporthalle, Klassenraum, Wiese

Spielbeschreibung: Die Kinder finden sich zu Paaren zusammen, eines ist das »Schiff im Nebel« und bekommt die Augen verbunden, das andere ist der »Lotse«, der das »Schiff« mittels eines Geräusches (z. B. tut-tut oder bam-bam) in den Hafen lotst. Die Paare müssen sich jeweils auf ein Geräusch einigen. Der Spielleiter sollte sicherstellen, dass sich die Geräusche der einzelnen Paare voneinander unterscheiden.
Nun wird das »Schiff« zum Hafen gelotst. Dabei dürfen nur die vorher vereinbarten Geräusche benutzt werden. Der Ort des Hafens wird vorher von beiden Mitspielern bestimmt. Der »Lotse« muss nun das »Schiff« sicher in den Hafen bringen.
Dort angekommen, sollten die Mitspieler über ihre Erfahrungen sprechen können. Dann werden die Rollen getauscht.
Tipp: Bei sehr großer Klassenstärke empfiehlt es sich, erst eine Hälfte der Gruppe spielen zu lassen. Die andere Hälfte beobachtet, ohne zu reden. Die Kinder sollten dann Gelegenheit haben, ihre Beobachtungen mitzuteilen.

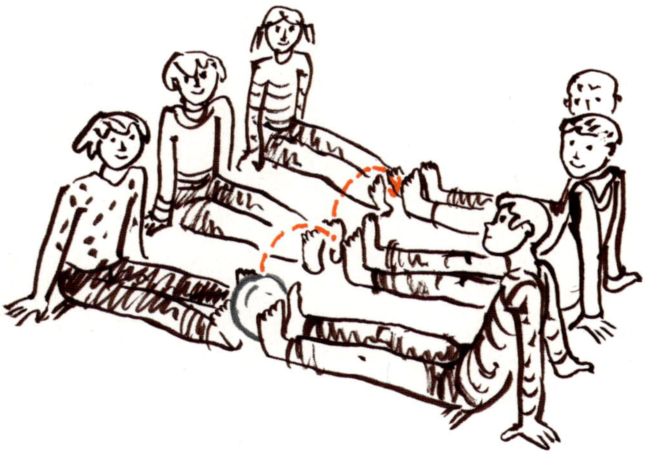

Wandernder Luftballon

A B E

Was wird geschult? Kooperation, Konzentration, taktile Wahrnehmung, Materialerfahrung
Klassenstufen: 1 – 6
Material: pro Gruppe ein aufgeblasener Luftballon, Ersatzballons
Ort: Sporthalle, Schulhof, Klassenraum

Spielbeschreibung: Die Gruppe kann in 2 bis 4 Mannschaften aufgeteilt werden. Die Kinder ziehen ihre Schuhe und Strümpfe aus. Nun setzen sich die Mannschaften in zwei Reihen auf dem Boden gegenüber, so eng, dass sie sich mit den Fußsohlen berühren können.
Das erste Paar bekommt einen Luftballon zwischen die Sohlen geklemmt. Der Ballon soll jetzt durch die Reihe hindurchwandern, ohne auf den Boden zu fallen oder zu platzen. Fällt er hinunter, beginnt man noch einmal.

Variationen:

– In jeder Gruppe können mehrere Luftballons im Spiel sein.
– Im Stuhlkreis: der Ballon wandert über die ausgestreckten Beine der Kinder.

Ballon über die Schnur

A B E

Was wird geschult? Timing, Sozialkompetenz, Materialerfahrung, Reaktionsvermögen
Klassenstufen: 1 – 6
Material: Musik, Luftballons, Schnur
Ort: Sporthalle, Sportplatz, Wiese

Spielbeschreibung: Eine Zauberschnur wird von einer Hallenseite zur anderen gespannt. Die Kinder stehen in 2 Gruppen verteilt auf beiden Seiten der Schnur und spielen sich mehrere Ballons über die Schnur zu.

Variationen:

– In höheren Klassen können Techniken aus dem Volleyball verwendet werden (pritschen, baggern).
– Gemeinsam können Spielregeln ausgehandelt werden.

Tipp: Als Musikbegleitung eignet sich klassische Musik, die leise im Hintergrund gespielt wird, besonders gut.

Fliegende Luftballons

A B E

Was wird geschult?
Timing,
Materialerfahrung,
taktile Wahrnehmung,
visuelle Wahrnehmung
Klassenstufen: 1 – 6
Material:
pro Kind ein Luftballon,
ruhige Musik
Ort: Sporthalle,
großer Raum,
bei windstillem Wetter
Schulhof oder Wiese

Spielbeschreibung: Die Kinder verteilen sich mit ihren Ballons im Raum. Das Spiel mit Luftballons erfordert nur ein Minimum an Instruktionen von Seiten des Spielleiters. Nach jeder Ansage einer neuen Spielform lässt der Spielleiter ausreichend Zeit zur Erprobung. Während die Kinder mit ihren Luftballons spielen, läuft ruhige Musik. Die Spielvorschläge für die fliegenden Luftballons könnten so lauten:

– Schlagt den Luftballon mit der Hand hoch. Beobachtet, wie sich der Luftballon verhält, wenn ihr fest dagegen schlagt. Was macht er, wenn ihr vorsichtig dagegen tippt?
– Versucht, den Luftballon in eine bestimmte Richtung zu treiben!
– Benutzt verschiedene Körperteile zum Hochspielen des Luftballons: Kopf, Ellenbogen, Unterarme, Knie, Füße …
– Setzt oder legt euch auf den Boden und versucht, aus dieser Lage den Ballon mit Händen und Füßen hoch zu spielen!
– Eine 3er-Gruppe soll versuchen, 3 Ballons ständig in der Luft zu halten.

Variation: Die Spielvorschläge können auch im Zuspiel zu zweit oder zu dritt mit jeweils einem Luftballon pro Gruppe durchgeführt werden.

Tipp: Neben den handelsüblichen Luftballons sind auch die sogenannten »Riesenluftballons« (Durchmesser 55,75 cm oder 115 cm) für solche Bewegungsspiele geeignet. Es können auch unterschiedlich große Luftballons verwendet werden, deren Flugverhalten thematisiert werden kann. Die Kinder sollten die verschiedenen Luftballons von Zeit zu Zeit untereinander austauschen.

Kunststücke mit Luftballons

A B E

Was wird geschult?
Materialerfahrung, Kreativität, Geschicklichkeit, taktile Wahrnehmung, visuelle Wahrnehmung
Klassenstufen: 1 – 6
Material: pro Spieler ein Luftballon (evtl. in verschiedenen Größen)
Ort: Sporthalle, großer Raum, Schulhof

Spielbeschreibung: Die Kinder verteilen sich mit ihren Luftballons im Raum. Der Spielleiter gibt folgende Impulse für die Durchführung der »Kunststücke«:

– Balanciert den Ballon auf einzelnen Körperteilen! Welche Körperteile eignen sich dazu besonders gut?
– Bewegt euch so, dass der Ballon am Körper »klebt«!
– Wer kann seinen Ballon von einer Hallenseite zur anderen transportieren, ohne ihn festzuhalten?
– Versucht zu zweit einen Ballon zu transportieren, ohne ihn festzuhalten!
– Stellt euch zu zweit gegenüber auf und haltet den Ballon zwischen euren Oberkörpern. Welches Paar kann sich so um die eigene Achse drehen, ohne die Hände einzusetzen?
– Halte den Luftballon an dein Ohr! Dein Partner presst auf der gegenüberliegenden Seite seinen Mund an den Ballon und flüstert dir verschiedene Wörter zu. Wiederhole die Wörter!

Schleudersitz

Spielbeschreibung: Der Fallschirm ist ausgebreitet. Die Kinder fassen ihn mit den Händen. Jedes Kind hält eine Farbe. Auf Zuruf wird der Schirm mit langen Armen nach oben geschwungen. Damit er frei schwingen kann, stehen die Kinder in Schrittstellung. So kann flexibler auf das Auf- und Abschwingen reagiert werden. Während des Hochschwingens ruft der Spielleiter eine Farbe auf, z. B. Rot. Die Kinder, die Rot in ihren Händen halten, rennen zur Fallschirmmitte, setzen sich blitzschnell auf den Boden und stehen ebenso schnell wieder auf. Bis zum Herunterkommen des Schirms muss jeder wieder seinen Farbteil greifen und sich nahtlos ins Spielgeschehen einreihen, denn beim nächsten Hochschwingen wird eine andere Farbe aufgerufen.

Variation: Es können auch andere Lagen unter der Zeltmitte vereinbart werden, z. B. Rücken- oder Bauchlage.

Tipp: Ist der Fallschirm einfarbig, so können die Kinder Nummern von 1 – 4 erhalten.

A B E

Was wird geschult? Reaktionsvermögen, Timing, Kooperation

Klassenstufen: 1 – 6

Material: Schwungtuch oder Fallschirm mit Farbeinteilung (rot, grün, blau, gelb), Musik

Ort: Sporthalle, Schulhof, Wiese

Blau, Gelb, Rot, Grün

A B E

Was wird geschult? Reaktionsvermögen, Timing, Kooperation
Klassenstufen: 1 – 6
Material: Schwungtuch oder Fallschirm mit Farbeinteilung (rot, grün, blau, gelb), Musik
Ort: Sporthalle, Schulhof, Wiese

Spielbeschreibung: Der Fallschirm ist ausgebreitet. Die Kinder halten ihn mit beiden Händen. Jedes Kind hält eine Farbe. Damit die Kinder flexibel auf das Auf- und Abschwingen reagieren können, stehen sie in Schrittstellung. Auf Zuruf wird der Schirm mit gestreckten Armen nach oben geschwungen. Während der Schirm hoch schwingt und sich zum Dach wölbt, ruft der Spielleiter eine Farbe auf, z. B. Grün. Alle Schüler, die einen grünen Streifen des Fallschirms in den Händen halten, lassen los und laufen auf die Gegenseite. Dort fassen sie wieder einen grünen Streifen und reihen sich nahtlos in das Spiel ein. Beim nächsten Hochschwingen des Schirms wird eine andere Farbe aufgerufen.

Variationen:

– Es können auch 2 Kinder eine Farbe festhalten. Wichtig ist die eindeutige Zugehörigkeit jedes Kindes zu einer Farbe.

– Hat der Fallschirm keine Farbeinteilungen, sondern ist einfarbig, bekommen die Kinder Nummern von 1 – 4. Anstelle der Farben werden dann die Nummern aufgerufen.

Tipps:

– Die Kinder sollten gleich zu Anfang dazu angehalten werden, mit den gestreckten Armen lange, fließende Bewegungen durchzuführen.

– Je später die Farben oder Nummern aufgerufen werden, um so schneller müssen die wechselnden Kinder reagieren.

– Als Musik eignet sich langsame ebenso wie fetzige.

Im Zelt am Nil

A B E

Was wird geschult? Vorstellungsfähigkeit, taktile Wahrnehmung, Sozialkompetenz
Klassenstufen: 1 – 6
Material: Schwungtuch oder Fallschirm
Ort: Sporthalle, Wiese

Spielbeschreibung: Die Kinder sitzen auf dem Boden um das Schwungtuch herum. Ihre Beine liegen gestreckt unter dem Schwungtuch. Sie drücken das Schwungtuch mit ihren Armen fest an den Körper. Kein Kind darf unter das Schwungtuch gucken. Ein Kind steht aufrecht in der Mitte unter dem Schwungtuch, so dass das Schwungtuch ein Zeltdach bildet. Ein weiteres Kind spielt ein Krokodil, das am Nil unter diesem Zeltdach lebt. Der Spielleiter erzählt nun folgende Geschichte: »Stelle dir vor, du fliegst mit deiner Familie nach Ägypten. Ihr macht dort einen Urlaub in Zelten am Ufer des Nils. Abends kriecht ihr, wenn es dunkel wird, in eure Zelte und schlaft ein. Plötzlich, mitten in der Nacht, werdet ihr von einem Krokodil an den Füßen aus dem Zelt in den Nil gezogen. Sobald ihr im Nil seid, werdet ihr auch zu Krokodilen. Ihr zieht nun die anderen Familienmitglieder an den Füßen in den Nil. Es wird so lange gezogen, bis alle Familienmitglieder als Krokodile im Nil schwimmen.«
Variation: Je nach Fantasiebegabung können natürlich auch andere Geschichten erfunden und erzählt werden.
Tipps:
– Es ist natürlich ein Riesenspaß, wenn sich die ganze »Familie« samt Spielleiter unter dem Fallschirm wiederfindet.
– Um Unfälle zu vermeiden, sollte vor dem Spiel vereinbart werden, dass die Kinder sich nicht abrupt, sondern vorsichtig in den »Nil« ziehen. Das Spiel wird nie langweilig.

Fauchender Tiger

A B E

Was wird geschult?
Umgang mit dem Atem, Kraft, Entspannungsfähigkeit
Klassenstufen: 1 – 4
Material: im Klassenraum 1 Stuhl je Kind
Ort: Sporthalle, Schulhof, Wiese, Klassenraum

Spielbeschreibung: Die Kinder stehen mit beiden Beinen fest auf dem Boden (Knie nicht durchgedrückt) oder sitzen auf Stühlen, falls diese Übung im Klassenraum durchgeführt wird. Der Spielleiter spricht folgenden Text: »Stehe (oder sitze) gerade. Stelle dir vor, du bist ein prachtvoller, starker Tiger. Hole tief Luft und halte sie einen Augenblick an. Presse deine kraftvollen Tigerzähne leicht aufeinander und ziehe die Lippen von den Zähnen. Während du die Luft zwischen den Tigerzähnen hinausstößt, fauchst du wie eine Tigerkatze ›krrr‹ und blitzt mit den Augen. Das Fauchen kann laut oder leise sein.«

Variation: »Du sagst nach dem Fauchen kraftvoll: ›Achtung, ich bin ein wacher, starker Tiger!‹«

Tipps:

– Dieses Spiel baut Unruhe und Spannungen ab; entspannt Gesicht und Kopf. Es gibt ein Empfinden konzentrierter Stärke.

– Kinder kriegen kaum genug von dieser Übung, möchten nicht mehr aufhören. Wichtig ist, dass die Kinder lernen, ganz nach ihrem augenblicklichen Empfinden leise oder laut zu fauchen.

– Schüchterne Kinder trauen sich anfänglich nicht so recht zu fauchen.

Boxender Hase

Spielbeschreibung: Die Kinder stehen oder sitzen. Der Spielleiter spricht folgenden Text: »Hasen wirken scheu und sanft, sind aber mutige Tiere. Im Frühling kämpfen sie mit ihren Rivalen um die geliebte Hasenbraut. Diese Kämpfe sehen aus wie Boxkämpfe.
Stelle dir vor, du bist ein solcher Hase. Balle deine Hände zu Fäusten und stoße sie schnell und kraftvoll geradeaus, nach links und rechts und in die Höhe. Bei jedem Schlag stößt du ein kurzes, lautes ›Au‹ aus.«
Dieses Spiel baut Aggressionen ab und hilft den Kindern, sich auf sich selbst zu besinnen.
Tipp: Vorsicht bei wenig Platz! Die Kinder sollen sich nicht berühren.

A B E

Was wird geschult?
Umgang mit dem Atem, Kraft, Entspannungsfähigkeit
Klassenstufen: 1 – 6
Material: im Klassenraum 1 Stuhl je Kind
Ort: Sporthalle, Schulhof, Wiese, Klassenraum

Zischende Schlange

Spielbeschreibung: Die Kinder stehen oder sitzen. Der Spielleiter spricht folgenden Text: »Stelle dir vor, du bist eine wunderschöne, goldene Schlange. Du atmest tief ein und hältst die Luft einen Augenblick an. Während du mit einem zischenden ›Sßßß‹ ausatmest, liegen deine Zähne leicht aufeinander und die Lippen sind geöffnet. Sage dazu in deiner Vorstellung: ›Ich, die goldene Schlange, ruhe mich aus, keiner stört mich dabei.‹ «
Dieses Spiel entspannt und macht den Kopf frei.
Tipp: Der Spielleiter sollte darauf achten, dass wirklich sehr langsam ausgeatmet wird.

A B E

Was wird geschult?
Umgang mit dem Atem, Entspannungsfähigkeit
Klassenstufe: 1 – 4
Ort: Sporthalle, Schulhof, Wiese, Klassenraum

Wildes Pferd

Spielbeschreibung: Die Kinder nehmen eine stehende oder sitzende Körperhaltung ein. Der Spielleiter spricht folgenden Text: »Stelle dir vor, du bist ein wildes Pferd auf einer Weide. Vielleicht hast du ja ein Lieblingspferd, einen Apfelschimmel oder einen kräftigen Braunen. Tritt jetzt nach allen Seiten mit den Beinen kräftig aus und stoße dazu ein kurzes, kraftvolles ›Uu‹ tief aus dem Bauch aus.«
Das Spiel baut Aggressionen ab und hilft den Kindern, sich auf sich selbst zu besinnen.
Tipp: Oft kommt nur ein verhaltenes »U«, dann hilft die Feststellung: »Das Pferd ist noch nicht wild genug.«

A B E

Was wird geschult?
Umgang mit dem Atem, Kraft, Entspannungsfähigkeit
Klassenstufen: 1 – 6
Ort: Sporthalle, Schulhof, Wiese, Klassenraum

Energiekreis

A B E

Was wird geschult? Sozialkompetenz, Umgang mit dem Atem, Entspannungsfähigkeit, taktile Wahrnehmung
Klassenstufen: 1 – 6
Material: je Kind 1 Stuhl oder Sitzkissen
Ort: Sporthalle, Klassenraum, Wiese, Wald

Spielbeschreibung: Die Kinder sitzen im Kreis. Jeder dreht seine linke Handinnenfläche nach oben. Die rechte Hand ergreift von oben die geöffnete linke Handinnenfläche des Nachbarn. Die Hände werden so bequem wie möglich abgelegt. Die Augen werden sanft geschlossen. Mit der Einatmung stellt sich jeder vor, Energie vom linken Nachbarn über den linken Arm bis zum Herzen einzuatmen. Mit der Ausatmung schickt jeder die Energie von seinem Herzen über seinen rechten Arm zum rechten Nachbarn. So entsteht ein Energiekreislauf.
Variation: Der Kreislauf kann auch andersherum erfolgen.
Tipps:
– Über die unterschiedlichen Erfahrungen – rechts- oder linksherum – sollte gesprochen werden. Das Schließen der Augen, also das sich Einlassen nur auf Gehör und Gefühl, macht Kindern oft Angst. In diesem Falle kann den Kindern angeboten werden, sich noch einmal bewusst den Raum anzusehen oder jedem Mitschüler noch einmal ins Gesicht zu sehen. Die erste Runde kann mit geöffneten Augen durchgeführt werden.
– Die Erfahrung zeigt, dass es immer Kinder geben wird, die sich sofort auf eine solche Atemweise einlassen können.
– Andere Kinder wiederum haben große Schwierigkeiten damit. Auch aus diesem Grunde ist es wichtig, immer wieder über die gemachten Erfahrungen zu sprechen, jedoch ohne diese zu bewerten.
– Kein Kind sollte zu einer solchen Übung gezwungen werden.

Energie für die Erde

A B E

Was wird geschult? Vertrauen, taktile Wahrnehmung, Umgang mit dem Atem, Entspannungsfähigkeit
Klassenstufen: 3 – 6
Material: je Kind 1 Stuhl
Ort: Sporthalle, Klassenraum, Wiese, Wald

Spielbeschreibung: Die Kinder sitzen im Kreis. Sie halten ihre Handinnenflächen in Herzhöhe mit den Fingerspitzen nach oben zur Kreismitte. Die Augen werden geschlossen. Mit der Einatmung atmet jeder zu seinem Herzen hin und lässt beim Ausatmen den Atem vom Herzen über die Arme und Hände zur Kreismitte strömen. Jedes Kind stellt sich während der Ausatmung vor, dass es der Erde Energie schenkt.
Variation: Es kann sich auch ein Kind in die Mitte setzen oder die Kinder stellen sich in der Kreismitte einen kranken Mitschüler vor, der augenblicklich nicht die Schule besuchen kann. So können sie ihre Solidarität mit dem kranken Kind bekunden.

Katze und Schnecke

A B E

Was wird geschult? Dehnungsfähigkeit, Entspannungsfähigkeit
Klassenstufen: 1 – 4
Material: je Kind eine Unterlage oder Teppichboden
Ort: Sporthalle, Klassenraum, Wiese, Wald

Spielbeschreibung: Die Kinder liegen am Boden. Der Spielleiter gibt folgende Anweisungen: »Stell dir vor, du bist eine Katze oder ein Kater. Du liegst faul in der Sonne mit halb geschlossenen Augen. Du fühlst dich warm und wohl.
Pause
Nachdem du dich lange genug in der Sonne gewärmt hast, empfindest du Lust, dich zu strecken und zu räkeln. Du hebst die Arme über den Kopf, dehnst und streckst dich. Du miaust und gähnst und schnurrst, wie es dir gerade in deinen Katzensinn kommt.
Du drehst dich auch auf die linke und die rechte Seite. Die Beine können dabei gestreckt oder angezogen sein. Dann drehst du dich auf den Bauch und räkelst, streckst und dehnst dich wieder durch. Wenn du dich wieder auf den Rücken gedreht hast, streckst du deine Katzenpfoten noch einmal gegen den Himmel.
Nun wälzt du dich auf die Knie, stellst dich auf deine Sohlen. Oberkörper, Kopf und Arme bleiben dabei entspannt hängen.
Jetzt verwandelt sich die Katze in eine Schnecke. Die Schnecke windet sich vom unteren Teil der Wirbelsäule Wirbel für Wirbel nach oben, bis sie endlich die Schultern und auch den Kopf oben auf den Rumpf setzt.«
Variation: Die Übung kann auch mit anderen geeigneten Tieren durchgeführt werden.
Tipps:
– Zur Arbeit mit dem Körper gehört auch, dass die Kinder ihre Wirbelsäule immer bewusster wahrnehmen. Vor der Übung bietet es sich z. B. an, dass die Kinder den unteren Wirbelsäulenbereich (Kreuzbein und Lendenwirbelsäule) mit den Fingern ertasten.
– Die Übung ist besonders wirkungsvoll nach längerem Sitzen, Ausdauerläufen, Klassenarbeiten, aber auch vor und nach Zeiten der längeren Entspannung. Sie wirkt erfrischend und belebend.

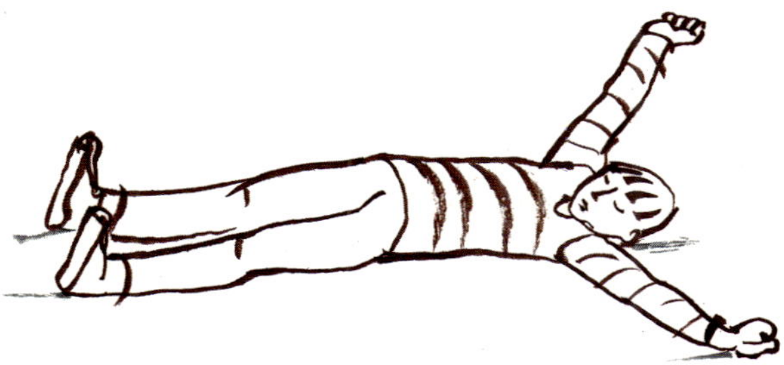

Kling-Klang-Kugel kling' nicht!

A B E

Was wird geschult?
Konzentration, taktile Wahrnehmung, Sozialkompetenz, Einlassen auf Stille
Klassenstufen: 1 – 6
Material: 1 Paar Klangkugeln, je Kind 1 Stuhl, Sitzkissen oder Teppichboden
Ort: Sporthalle, Klassenraum, Wiese, Wald

Spielbeschreibung: Die Kinder sitzen still im Kreis. Der Spielleiter (oder ein Kind) holt sehr vorsichtig eine Klangkugel aus dem Kästchen. Die Kugel darf nicht klingen. Die Klangkugel wird nun behutsam dem Nachbarn gereicht. Sie wird von Kind zu Kind bis zum Ausgangspunkt weitergereicht ohne zu klingen. Der letzte legt sie klanglos in das Kästchen zurück.

Variation: Wenn die Kinder eine gewisse Sicherheit erlangt haben, kann auch mit zwei Kugeln gespielt werden. Eine Kugel wird linksherum, die andere rechtsherum geschickt. Beide Kugeln können auch mit zwei Händen in eine Richtung geschickt werden. Das erfordert natürlich besondere Konzentration und Geschicklichkeit; denn auch bei diesem Spiel sollen ja die Kugeln schweigen.

Tipp: Natürlich werden sich einige Kinder einen besonderen Spaß daraus machen, die Kugeln absichtlich zum Klingen zu bringen. Dies führt manchmal zu allgemeinem Gelächter oder ruft den Unwillen anderer Kinder hervor. Mit Humor aufgefasst wird diese kleine Unart mit der Zeit verschwinden. Die Klangkugeln kann man in 3. Welt-Läden, Bioläden und auch auf Märkten (z. B. Weihnachtsmärkten) kaufen.

Entspannen auf dem Stuhl

A B E

Was wird geschult?
Körperbewusstsein, Entspannungsfähigkeit
Klassenstufen: 2 – 6
Material: je Kind 1 Stuhl
Ort: Klassenraum

Spielbeschreibung: Der Spielleiter gibt folgende Anweisungen: »Setze dich auf den vorderen Teil des Stuhles. Sitze aufrecht und kippe dein Becken nach vorn, als wenn du einen Eimer auskippen würdest. Kippe nun das Becken entgegengesetzt, als wenn dein Eimer voll bleiben müsste. Schiebe dann deine Hände von hinten mit den Fingerspitzen zuerst unter dein Gesäß. Setze dich bis zur stärksten Belastung zurück. Nimm jetzt die Hände weg und setze dich noch etwas gemütlicher hin. Lege deine Hände nun bequem auf deinen Oberschenkeln ab.

Zum Schluss ziehe dein Kinn ein wenig zum Hals, als wenn du ein Doppelkinn hättest. So kann sich die Halswirbelsäule etwas dehnen. Jetzt hast du die Sitzhaltung, bei der du dich eine Zeit lang entspannen kannst.«

Tipp: Diese Grundhaltung eignet sich als Übung vor Entspannungsphasen. Der Spielleiter sollte sie den Kindern Punkt für Punkt vormachen.

Pizza backen

A B E

Was wird geschult?
Sozialkompetenz, Körperbewusstsein, taktile Wahrnehmung, Vorstellungsfähigkeit
Klassenstufen: 1 – 6
Material: pro Paar 1 Stuhl
Ort: Sporthalle, Klassenraum

Spielbeschreibung: Die Kinder finden sich zu Paaren zusammen. Ein Kind setzt sich und nimmt eine entspannte Haltung ein. Im Klassenraum kann sich das Kind rittlings auf den Stuhl setzen und den Oberkörper auf die Bank legen. Das andere Kind »backt nun auf seinem Rücken eine Pizza«. Der Spielleiter erzählt den Backvorgang und die Pizzabäcker führen die Tätigkeiten als Massage auf dem Rücken des Partners aus.

1. Teig auf das Blech legen: beide Handflächen in der Mitte des Rückens auflegen,
2. Teig ausrollen: mit den Handflächen kräftig über den Rücken streichen, nach oben, nach unten, nach links und nach rechts,
3. Tomatenmasse verteilen: mit den Fingerspitzen kleine Streichbewegungen machen, dabei keine Stelle des Teiges auslassen, auch die Ränder nicht,
4. Salami verteilen: mit den Fingerspitzen Kreise in Salamigröße auf den Rücken zeichnen,
5. Champignons verteilen: mit den Fingerspitzen »Champignons« eindrücken,
6. Käse darüber streuen: mit den Fingerspitzen in schnellen Bewegungen über den ganzen Rücken trommeln,
7. Backofen anheizen: Der Pizzabäcker reibt seine Handflächen, damit sie warm werden,
8. Pizza backen: die warmen Hände auf den Rücken legen, immer wieder anwärmen durch Reiben und dann erneut auflegen, bis die ganze Pizza gebacken ist. Oder: Die Pizzabäcker legen sich behutsam auf das »Pizzakind« und backen die Pizza mit ihrer Körperwärme,
9. Pizza schneiden: mit dem Zeigefinger senkrechte und waagerechte Striche in Pizzastückgröße über den Rücken ziehen,
10. Pizza verteilen: Die Hand wird zur Schaufel und hebt sie ab.
11. Pizza essen: pantomimisches Essen.

Spinnenhaar Dracula

A B E

Was wird geschult? Entspannungsfähigkeit, taktile Wahrnehmung, Körperbewusstsein, Sozialkompetenz
Klassenstufen: 1 – 6
Ort: Sporthalle, Klassenraum, Schulhof, Wiese, Wald

Spielbeschreibung: Die Kinder finden sich zu Paaren zusammen. Die Partner stehen hintereinander. Der hintere Partner klopft mit der Handkante die Schulterpartien und die Rückenmuskulatur des vor ihm Stehenden kräftig ab. Er ruft dazu mit unheimlicher, tiefer Stimme: »25 Messerstiche!« Dann streicht er zweimal mit den Händen – ausgehend von den Schultern– über die Rückenmuskulatur und ruft dazu: »Blut fließt, Blut fließt!«
Er zupft sodann einmal kräftig auf dem Scheitel an einer Haarsträhne und ruft dazu mit heller, schriller Stimme: »Spinnenhaar!« Zuletzt streckt er die Schultern des Partners mit seinen Händen nach hinten. Die Finger befinden sich dabei auf der Vorderseite und die Daumen auf der Rückseite der Schultern. Dazu ruft er furchterregend: »Dracula!«

Tipps:

– Dieser Geschichte wird die Blutrünstigkeit genommen, je komischer oder übertriebener sie gesprochen wird. Die Übung macht munter, erfrischt und bringt eine heitere Stimmung.

– *Vorsicht:* Die Wirbelsäule sowie der Bereich oberhalb der Taille (Nierenbereich) sollten beim Klopfen mit den Handkanten unbedingt ausgespart werden.

– Diese Übung eignet sich für eine Phase der Entspannung z. B. nach Klassenarbeiten oder starken Muskelanspannungen.

Massage mit Tennisbällen

A B E

Was wird geschult?
Entspannungsfähigkeit, taktile Wahrnehmung, Kooperation, Ausdrücken von Empfindungen
Klassenstufen: 1 – 6
Material: je Paar 1 Unterlage und 1 Tennisball, Entspannungsmusik
Ort: Sporthalle, Klassenraum, Wiese, Wald

Spielbeschreibung: Je 2 Kinder teilen sich eine Unterlage und einen Tennisball. Die Schuhe werden ausgezogen. Ein Kind liegt auf dem Bauch, die Arme liegen seitlich am Körper. Der Kopf liegt auf einer Wange am Boden, zwischendurch kann auf die andere Wange gewechselt werden. Das liegende Kind schließt die Augen. Das andere Kind sitzt oder kniet am rechten Fußende des liegenden Kindes. Es führt mit dem Tennisball in seiner flachen Hand langsame, ruhig kreisende Bewegungen auf der Fußsohle des liegenden Kindes aus. Das liegende Kind sollte den Druck, der durch die kreisenden Bewegungen auf seinen Körper ausgeübt wird, selbst bestimmen dürfen. Das aktive Kind massiert nun langsam Ferse, Wade, Oberschenkel, Gesäß, Muskulatur rechts der Wirbelsäule, Arm und Hand des liegenden Kindes durch. Das liegende Kind darf auch bestimmen, wenn der Ball länger an einer Stelle kreisen soll. Dann wechselt das aktive Kind auf die linke Seite des liegenden Kindes. Es beginnt dort mit seiner Massage an der linken Hand, kreist zum Arm, zur linken Seite der Wirbelsäule, dann über das Gesäß, die Beine und zum Schluss über die Fußsohle.
Nach einem Gespräch über die Empfindungen und Gefühle während der Massage wird gewechselt.
Variation: Diese Übung kann auch in Rückenlage (s. dazu »Warme Decke«) durchgeführt werden. Die Erfahrung zeigt allerdings, dass die Kinder dabei lieber auf dem Bauch liegen, vor allem dann, wenn man mit der Übung bisher noch keine Erfahrungen hatte. Ältere und geschickte Kinder können nach einer gewissen Zeit auch mit zwei Bällen arbeiten.
Tipps:
– Besonders angenehm ist die Massage mit Noppenbällen, erhältlich z. B. bei Sportartikelherstellern. Ausrangierte Tennisbälle sind jedoch oftmals kostenlos durch Freunde oder Bekannte zu bekommen. In der Waschmaschine gewaschen eignen sie sich dann als Massageball.
– Viele Kinder neigen anfänglich zum hastigen, schnellen Kreisen. Der Spielleiter sollte vorher am Beispiel die Vorgehensweise genau zeigen.
– Die Wirbelsäule sollte bei der Massage unbedingt ausgespart werden.
– Diese Übung eignet sich besonders gut für eine kurze Entspannung nach Klassenarbeiten oder anderen Beanspruchungen.

Zaubertrank mit Sahnehäubchen

A B E

Was wird geschult? Vertrauen, taktile Wahrnehmung, Sozialkompetenz, Einlassen auf Stille
Klassenstufen: 1 – 6
Ort: Sporthalle, Schulhof, Klassenraum, Wiese, Wald

Spielbeschreibung: Die Kinder finden sich zu Paaren zusammen. Ein Kind steht ohne Schuhe mit beiden Beinen fest auf dem Boden. Die Füße stehen etwa hüftbreit auseinander und die Knie sind ein wenig eingeknickt.
Es hebt nun leicht die Arme an, damit die Achselhöhlen frei werden und schließt die Augen. Das hinter ihm stehende Kind klopft ihm nun von den Achselhöhlen ausgehend die Seiten bis zu den Außenknöcheln und wieder hochgehend bis zu den Achselhöhlen ab. Dieser Übungsteil wird noch einmal wiederholt. Jetzt streicht das hintere Kind von den Achselhöhlen ausgehend über die Seiten bis zu den Außenknöcheln sowie über den gesamten Fußspann und alle Zehen. Das Ausstreichen des Fußspanns und der Zehen bildet das Sahnehäubchen. Dieser zweite Teil wird noch einmal von oben nach unten wiederholt.
Bitte beachten: Auf keinen Fall gegen den Strich streichen! Vor dem Wechsel findet ein kurzer Erfahrungsaustausch statt; während der Übung schweigen beide Partner.
Tipp: Diese Übung sollte vom Spielleiter vorher genau gezeigt und dann erst von den Kindern behutsam durchgeführt werden. Die Übung erfrischt und ist verblüffend wohltuend.

Rapunzel, Eisenhans und Co.

A B E

Was wird geschult? Einlassen auf Stille, Sozialkompetenz
Klassenstufen: 2 – 6
Ort: Sporthalle, Klassenraum, Wiese, Wald

Spielbeschreibung: Die Kinder finden sich zu Paaren zusammen. Ein Kind steht mit beiden Beinen fest auf dem Boden; die Füße stehen in Hüftbreite auseinander. Die Knie werden ein wenig eingeknickt, die Augen geschlossen.
Beide Kinder stellen sich nun vor, dass das Kind mit den geschlossenen Augen lange Haare bis zum Boden hat. Der andere Partner kämmt die langen Haare. Seine Finger und Hände sind sein Kamm. Er stellt sich die Haarpracht 10 – 20 cm vor dem Körper des anderen Kindes vor. Die Hände werden dazu parallel gehalten. Sie streichen von Kopf bis Fuß durch die »Fantasie-Haare« des vor ihm Stehenden. Das Kind kämmt so lange, bis es einmal in Bahnen um den Körper herum gekämmt hat.
Nach einem kurzen Erfahrungsaustausch wird dann gewechselt.

Tipps:

– Vor der Übung könnte das Märchen von Rapunzel oder vom Eisenhans erzählt oder die Sage von der Loreley gelesen werden.
– Am besten gelingt diese Übung schweigend. Es ist erstaunlich, welche Empfindungsvielfalt bei den nachträglichen Gesprächen geäußert wird.
– Jeder sollte sich seinen Partner auswählen dürfen.

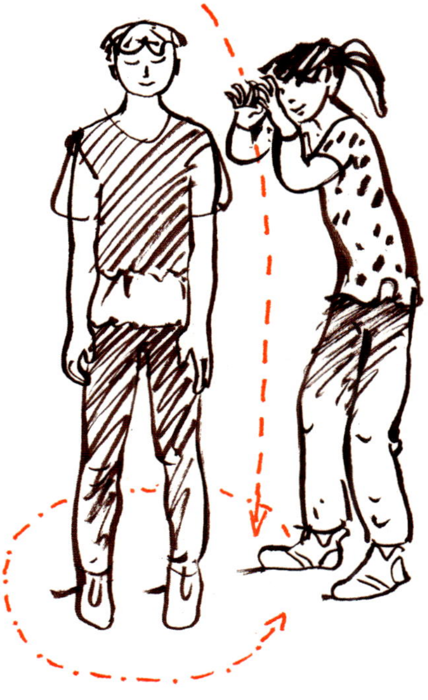

Progressive Muskelentspannung nach Jacobson

A B E

Was wird geschult? Entspannungsfähigkeit, Konzentration, Körperbewusstsein
Klassenstufen: 1 – 6
Material: je Kind eine Unterlage
Ort: Sporthalle, Klassenraum, Wiese, Wald

Spielbeschreibung: Die Kinder liegen auf bequemen Unterlagen und bekommen folgende Anweisungen: »Räkel und streck dich nach Lust und Laune. Atme tief ein und aus und nimm jetzt die normale entspannte Rückenlage ein. Deine Augen fallen von alleine zu. Bei den kommenden Aufgaben wirst du ganz deutlich den Unterschied spüren zwischen angespannten, festen Muskeln und entspannten, lockeren Muskeln.

Fangen wir mit der rechten Hand an. Stelle dir vor, du hast ein kleines, feuchtes Schwämmchen in deiner Hand und das willst du gleich ausdrücken. Dafür brauchst du die Muskeln deiner Hand und deines Unterarms.

Beginne jetzt! Drücke das Schwämmchen fest zusammen, immer fester, noch fester, bis die letzten Wassertropfen herauskommen.

Prima so!

Und lass es sofort los. Strecke schnell deine Finger. Schüttle deine Hand aus und lege sie wieder locker auf den Boden und spüre, was in deiner Hand passiert. Beim festen Zusammendrücken des Schwämmchens werden deine rechte Hand und dein rechter Unterarm kräftig angespannt. Und jetzt liegt dein Arm locker und entspannt auf dem Boden. Dein Arm wird warm durchströmt und fühlt sich warm und entspannt an. Atme ruhig und normal weiter.

Und nun wiederholst du das. Dabei darfst du mit der linken Hand deinen rechten Arm abtasten. Und dann wirst du merken, wie fest sich die Muskeln anfühlen.

Und wie stark die Spannung dabei ist. Nimm wieder dein Schwämmchen in deine rechte Hand. Du kannst deinen Arm dabei ruhig etwas anheben, wenn du willst.

Pause

So, und los geht's!

Drück es kräftig zusammen. Atme aber ruhig weiter und drücke noch fester als eben. Und fühle mit der anderen Hand, wie stark du drückst. Prima so!

Und – lass schnell los! Strecke kurz und schnell deine Finger. Schüttle deine Hand aus. Und lege sie wieder locker auf den Boden. Und spüre nun, was da in deinem Körper passiert.

Merkst du die Wärme in deinem rechten Arm? Auch in deiner rechten Hand? Was spürst du in den Fingern? Vergleiche einmal deine rechte Seite mit der linken.

Hast du das Gefühl, als ob deine rechte Seite wärmer oder länger

oder dicker als deine linke Seite ist?
Pause

Und nun machst du das Gleiche auch mit der linken Seite. Deine linke Hand nimmt ihr Schwämmchen auf und jetzt geht's wieder los! Drück es kräftig zusammen, noch mehr Kraft und noch fester, bis auch hier das letzte Tröpfchen herausquillt. Prima so!
Strecke kurz und schnell deine Finger, schüttle deine Hand aus und lege sie locker auf den Boden. Und spüre nun, was sich in deinem Arm tut.
Pause
Spüre in deine Hand und in deine Finger. Die starke Spannung ist wie fortgeblasen. Und dein Arm liegt ruhig und schwer auf dem Boden. Deine linke Seite ist nun angenehm locker und entspannt.

Und nun wiederholst du das.
Nimm wieder das Schwämmchen. Denke daran, bei der Aufgabe ganz normal weiterzuatmen.
So, nun drücke es kräftig zusammen und fühle mit der anderen Hand, wie stark du auch links bist und drücke es noch kräftiger zusammen. Und – gut so!
Strecke schnell deine Finger. Schüttle deine Hand aus und lege sie wieder auf den Boden. Und atme ruhig weiter.

Beide Arme sind ganz ruhig und schwer und angenehm warm. Du spürst die angenehme Ruhe in deinen Armen und Händen und merkst, wie sich die Ruhe ausbreitet in deinem Körper bis in den Bauch und deine Beine.
Pause
Auch dein Kopf ist ruhig. Mit jedem Atemzug wirst du ruhiger.
Pause
Nimm nun einmal in jede Hand ein Schwämmchen, drücke sie jetzt kräftig aus. Atme ruhig weiter. Drücke fester und noch fester. Und – lass los!

Strecke deine Finger mehrmals kurz aus. Lege wieder deine Arme und Hände kurz auf den Boden. Und lass die Entspannung durch deinen Körper wandern.
Pause
Du spürst in beiden Armen, Händen und Fingern Ruhe.
Pause
Ruhe und Schwere und Wärme.
Pause
Dieses angenehme Gefühl breitet sich aus durch deinen ganzen Körper.

Pause
Mit jedem Atemzug wirst du noch ruhiger.
Pause
Und wirst deinen Körper deutlicher und angenehmer spüren.
Du bist ganz entspannt.
Pause
Und fühlst dich richtig wohl.«

Abschlussgespräch: (Jeder Teilnehmer beantwortet die Fragen für sich selbst).
»Wie fühlst du dich?
Wie geht es dir jetzt?
Du hast dich lange ausgeruht.
Hast du spüren können, ob deine Arme oder Beine schwer wurden und warm?
Welches Gefühl hast du jetzt in deinen Händen?
Mach mal schnell eine Faust!
Merkst du was?
Geht das leicht oder schnell oder hast du das Gefühl, deine Finger seien dicker oder länger geworden?

Pause
Hast du Geräusche von draußen gehört? Wie jemand gerufen oder gehustet hat? Oder Fahrzeuge vorbeifuhren?
Pause
Ich frage jetzt einmal, worauf hast du im Augenblick mehr Lust:
Auf etwas Ruhiges oder auf etwas mit Bewegung?
Wir haben nämlich noch einige Minuten Zeit.
Und nachdem ihr euch so lange entspannt habt, sollt und müsst ihr euch jetzt wieder in Schwung bringen.
Jeder sucht für sich selbst das Richtige aus. Ihr könnt laufen und springen oder ein gemeinsames Spiel machen. Oder auch hinsetzen und euch unterhalten.«

Zauberkugel

A B E

Was wird geschult? Vorstellungsfähigkeit, Kreativität
Klassenstufen: 1 – 6
Ort: Sporthalle, Klassenraum, Schulhof, Wiese, Wald

Spielbeschreibung: Jedes Kind sucht sich einen Platz im Raum, der so groß ist, dass es seine Arme nach allen Seiten ausstrecken kann. Es stellt sich nun vor, in einer großen, unsichtbaren Kugel zu stehen. Diese Kugel soll das Kind nun mit seinen Händen ausmalen. Dazu stehen ihm in seiner Fantasie alle Formen und Farben zur Verfügung. Es ist darauf zu achten, dass die Kugel rundherum ausgemalt wird. Ein Gespräch über die Ausgestaltung der Kugeln sollte sich unbedingt anschließen.

Variationen:
– Das Spiel kann auch im Sitzen durchgeführt werden.
– Möglich wäre es auch, eine Glasscheibe zu bemalen.

Tipp: Bei solchen Spielen hat der Spielleiter die Chance, seine Kinder einmal von einer neuen, anderen Seite kennen zu lernen. Verblüffend ist oftmals, welche Fantasie und welches Engagement ansonsten eher zurückhaltende Kinder entwickeln.

Achterbahnen

A B E

Was wird geschult? Entspannungsfähigkeit, Sozialkompetenz, Einlassen auf Stille
Klassenstufen: 2 – 6
Ort: Sporthalle, Klassenraum, Wiese, Wald

Spielbeschreibung: Jedes Kind wählt einen Partner. Die Kinder stellen sich zu zweit hintereinander. Das vordere Kind steht mit beiden Füßen fest auf dem Boden. Die Füße stehen etwa hüftbreit auseinander und die Knie sind ein wenig gebeugt. Das vordere Kind schließt die Augen. Beide Kinder bekommen die Anweisung, während der Übung sehr genau auf ihre Körpererfahrungen und Gefühle zu achten.

Das hintere Kind schreibt nun mit seiner Hand langsam liegende Achten im Abstand von 10 – 20 cm zum Körper des vorderen Kindes. Auf keinen Fall soll das zu »beachtende« Kind berührt werden. Das hintere Kind beginnt mit den liegenden Achten vor dem Hinterkopf des vorderen Kindes. Es setzt die Achten fort bis zu den Füßen. Nun geht es in dieser Form (»Achterbahnen«) weiter um das Kind herum, bis der ganze Körper »beachtet« ist.

Den Partnern soll genügend Zeit zum Erfahrungsaustausch eingeräumt werden. Danach wird gewechselt und der andere Partner »beachtet«.

Tipps: Da es für jüngere Kinder nicht einfach ist, liegende Achten in der Luft zu schreiben, sollte dies vorher nach einer Demonstration durch den Spielleiter geübt werden. Fortgeschrittene können auch mit zwei Händen je eine Acht in die Luft schreiben.

Warme Decke

A B E

Was wird geschult?
Entspannungsfähigkeit, taktile Wahrnehmung, Körperbewusstsein, Sozialkompetenz, Materialerfahrung
Klassenstufen: 1 – 5
Material: Zeitungen, Musik
Ort: Sporthalle, Klassenraum

Spielbeschreibung: Die Kinder finden sich paarweise zusammen. Jedes Paar erhält etwa 10 Doppelseiten einer Tageszeitung. Ein Kind legt sich auf den Boden oder auf eine Matte, entweder auf den Rücken oder auf den Bauch. Das Kind schließt die Augen. Während ruhige Musik abgespielt wird, legt das andere Kind behutsam nach und nach die Doppelseiten von den Füßen bis zum Kopf auf das liegende Kind.
Wenn das Kind ganz mit Zeitungen bedeckt ist, darf es für einige Zeit darunter ruhen. Die anderen Kinder gehen auf Zehenspitzen zu einem anderen Zeitungskind und decken dieses langsam und leise wieder auf. Nachdem die Kinder von ihren Wahrnehmungen berichtet haben, werden die Rollen getauscht.
Tipps:
– Manche Kinder mögen es nicht, wenn Nase und Mund zugedeckt werden. Es sollte vorher besprochen werden, was die Kinder möchten.
– Vor dieser Entspannungsübung sollten bewegungsintensive Spiele mit Zeitungen durchgeführt werden. Zum Beispiel: Die Zeitungsseiten liegen zusammengefaltet in der Sporthalle verteilt. Alle Kinder laufen um die Zeitungshindernisse herum kreuz und quer durch die Halle.
– Die Kinder überspringen die am Boden liegenden Zeitungen.
– Die Kinder halten die Zeitung – verschiedene Größen werden ausprobiert – vor den Bauch und laufen durch die Halle, ohne die Zeitung festzuhalten.

Pferd und Reiter

A B E

Was wird geschult?
Sozialkompetenz, Körperbewusstsein, Kreativität, taktile Wahrnehmung
Klassenstufen: 1 – 4
Material: eventuell Igelbälle als Bürsten
Ort: Sporthalle, Klassenraum

Spielbeschreibung: 2 Kinder finden sich als »Pferd« und »Reiter« zusammen. Die Kinder sollten möglichst gleich groß und schwer sein. Das »Pferd« steht im Vierfüßlerstand im Stall und wird zunächst vom »Reiter« versorgt. Es wird gebürstet (mit dem Igelball, wenn vorhanden, sonst mit der Hand), gestriegelt (mit den Händen kräftig streicheln) und gefüttert (pantomimisch).
Dann wird das »Pferd« aus dem Stall geführt und der »Reiter« kann vorsichtig auf dem unteren Rücken des »Pferdes« aufsitzen. Nach einem kleinen Rundritt werden die Rollen getauscht.
Tipp: Der Spielleiter sollte darauf hinweisen, dass die Partner die Wirbelsäule des anderen beim Bürsten aussparen müssen.

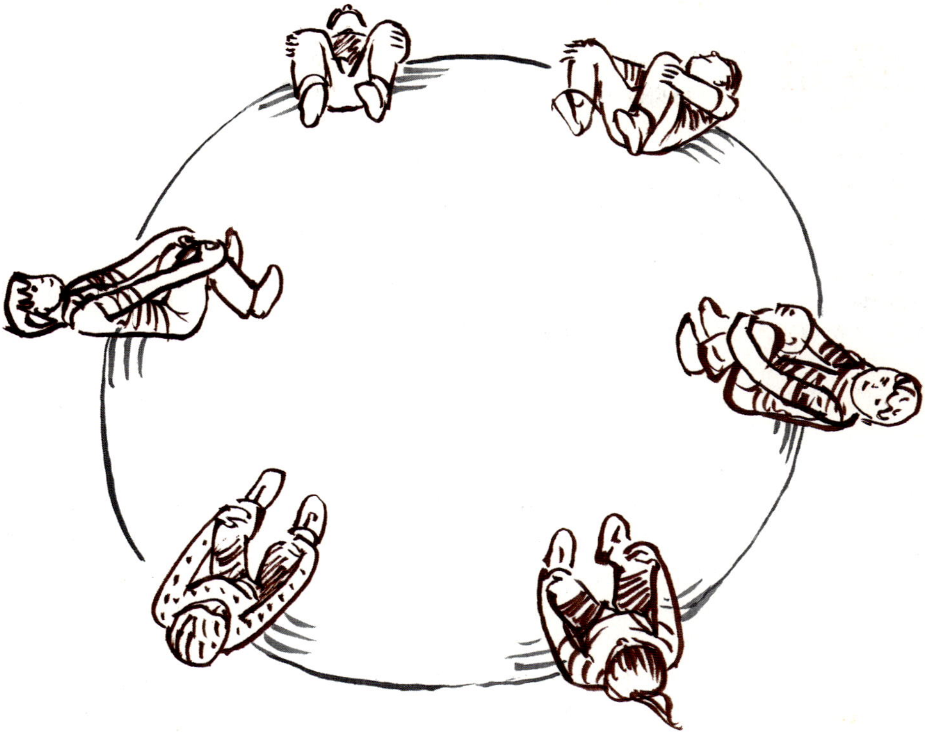

Kuschelmassage

Spielbeschreibung: Die Kinder liegen auf dem Rücken. Sie heben ihre angewinkelten Beine hoch, bis die Knie etwa hüftbreit auseinander vor der Brust sind.

Die Hände umfassen von außen die Knie, so dass die Kinder ihre Knie mit den Händen locker halten können. Von den Händen ausgehend werden nun langsame Kreise mit den angewinkelten Beinen beschrieben. Die Aufmerksamkeit richtet sich währenddessen auf den Bereich der Lendenwirbelsäule, der eine angenehme Massage erfährt. Nach einer Weile wird die Kreisrichtung geändert.

Variation: Die Bewegungen können vom kleinen zum großen Kreis oder umgekehrt durchgeführt werden.

Tipp: Diese Übung ist sehr wohltuend nach längeren Sitzphasen, Spaziergängen oder Langläufen. Danach ist es für den Körper angenehm, sich zu dehnen, zu räkeln oder zu strecken. Daher lässt sich die Übung »Katze und Schnecke« (S. 151) sehr gut an die »Kuschelmassage« anschließen.

A B E

Was wird geschult?
Körperbewusstsein, Entspannungsfähigkeit

Klassenstufen: 1 – 6

Material: je Kind eine Unterlage

Ort: Sporthalle, Klassenraum, Wiese, Wald

Die Reise durch das Tor

A B E

Was wird geschult? Einlassen auf Stille, Umgang mit dem Atem, Körperbewusstsein, Entspannungsfähigkeit
Klassenstufen: 3 – 6
Material: je Kind eine Unterlage
Ort: Sporthalle, Klassenraum, Wiese, Wald

Spielbeschreibung: Die Kinder liegen auf dem Rücken, die Arme liegen locker neben dem Körper. Die Füße liegen etwa schulterbreit auseinander, die Zehen fallen locker nach außen. Die Kinder bekommen folgende Anweisung: »Schließe deine Augen. Horche in dich hinein und spüre, wie du dich in diesem Augenblick hier auf dem Boden fühlst.
Pause
Lass alle Gefühle und Empfindungen zu, ohne sie gut oder schlecht zu finden.
Pause
Horche nun in den Raum hinein. Höre dir jedes Geräusch genau an, das an dein Ohr dringt. Finde es weder gut noch schlecht, sondern höre es einfach nur, ganz ohne Wertung.
Pause
Nun lass die Geräusche Geräusche sein. Wende dich deinem Atem zu. Spüre den kleinen Luftzug an deiner Nasenspitze, der mit der Ausatmung entsteht.
Pause
Dein Hals ist wie ein Tor, durch das der Atem ein- und ausreisen kann. Das Tor verbindet Kopf und Körper, Herz und Verstand miteinander. Lass deinen Atem ein- und auspendeln, lasse ihn einfach nur geschehen.
Pause
Wenn nach der Einatmung oder nach der Ausatmung eine Pause entstehen will, so lass diese Pause zu.
Pause
Sei ganz Atem!
Pause

Gedanken, die zu dir kommen, siehst du dir an. Sie sind weder gut noch böse. Sie sind einfach nur. Sie sind wie kleine Boote auf einem Fluss. Jedes Gedankenboot kommt mit dem Fluss zu dir gefahren und fährt mit dem Fluss wieder fort. Du lässt jedes Gedankenboot kommen und lässt es auch wieder los.

(An dieser Stelle könnte folgende Fantasiereise eingebaut werden): Stelle dir nun vor, du liegst auf einem schönen, bunten, warmen Teppich. Langsam erhebt sich der Teppich in die Luft. Du schwebst nun eine Weile über dem Boden. Der Teppich schwebt mit dir aus dem Fenster, aus diesem Raum heraus, über dieses Haus. Du befindest dich nun über den Häusern der Umgebung. Was siehst du?

Pause

Allmählich kommst du mit deiner Aufmerksamkeit wieder zurück in diesen Raum. Ich zähle gleich von 5 bis 0. Bei 0 öffnest du die Augen und bist ganz frisch. 5 – 4 – 3 – 2 – 1 – 0.«

Variation: Diese Übung kann auch in Bauchlage (s. Massage mit Tennisbällen) oder auf dem Stuhl (s. Entspannung auf dem Stuhl) durchgeführt werden.

Tipps:

– Als Ausklang bietet sich die Übung »Katze und Schnecke« an. Wenn genügend Zeit zur Verfügung steht, könnte sich als Entspannung die »Massage mit Tennisbällen» oder »Warme Decke« anschließen.

– Ein Spielleiter, der bei seinen Kindern Entspannung erreichen will, sollte selbst innere Ruhe während seines Vortrages ausstrahlen. Seine Stimme sollte liebevolle Zuwendung und ein Gefühl des Geborgenseins vermitteln.

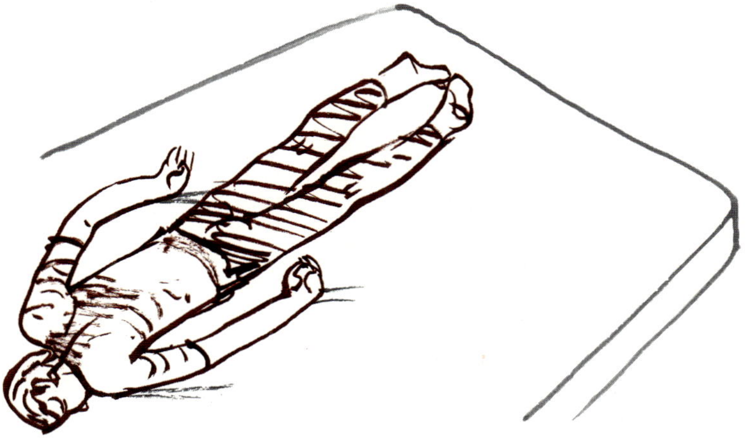

Fantasiereise – Sommer am Meer

A B E

Was wird geschult? Einlassen auf Stille, Entspannungsfähigkeit, Vorstellungsfähigkeit, Körperbewusstsein
Klassenstufen: 1 – 6
Material: je Kind eine Unterlage, 1 Klangschale, Entspannungskassette (z. B. Meeresrauschen)
Ort: Sporthalle, Klassenraum, Wiese, Wald

Spielbeschreibung: Die Kinder liegen entspannt auf dem Rücken. Ihre Augen sind geschlossen.
Sie erhalten folgende Anweisung: »Stelle dir vor, du gehst über eine große, grüne Wiese. Unter deinen Füßen spürst du das Gras. Es fühlt sich kühl an. Grashalme kitzeln deine Knöchel.
Pause
Im Gehen siehst du die Blumen: Mohn, Gänseblümchen, Löwenzahn. Du hörst, wie die Bienen summen. Ein Schmetterling schaukelt auf einer Blüte.
Pause
Plötzlich riechst du salzige Luft. Du kommst an eine Klippe und hast einen freien Blick auf das Meer. Das Wasser glitzert in der Sonne. Du hörst das Rauschen des Meeres.
Pause
Du gehst einen Pfad hinunter zum Strand. Mit jedem Schritt fühlst du, wie sich dein Fuß in den Sand drückt.
Du findest deinen Platz und legst dich in den Sand. Der trockene Sand wärmt deinen Körper. Über dir schweben im Blau des Himmels Möwen. Von weit her ertönt das Tuten eines Schiffes.
Pause
Du lauschst dem Meer.
Pause
Dein Atem wird eins mit dem Kommen und Gehen der Wellen.
Pause
Dann streift ein kühler Wind deinen Körper. Du öffnest die Augen und setzt dich auf. Die Sonne steht schon tief am Himmel. Es wird

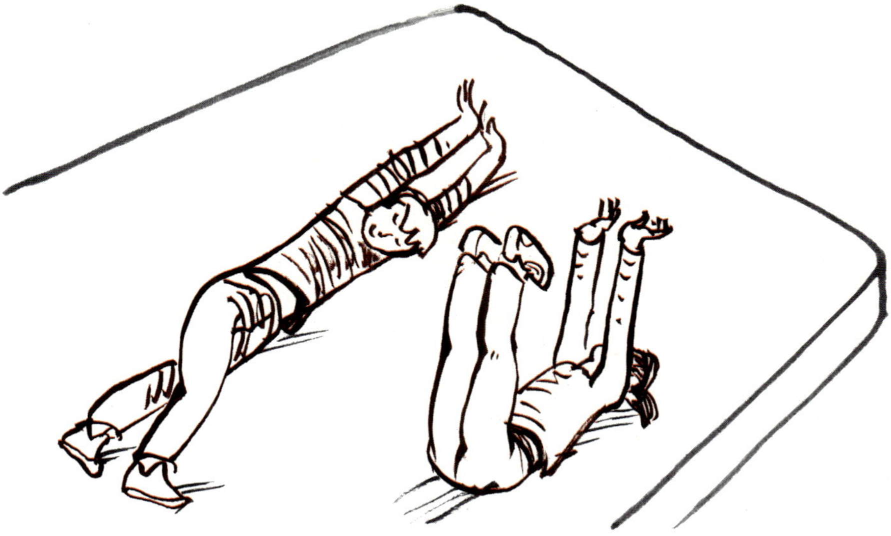

Zeit zu gehen. Mit dem Erklingen der Klangschale bist du mit deiner Aufmerksamkeit wieder hier in diesem Raum.« Der Spielleiter lässt die Klangschale ertönen.

Tipps:

– Sind die Kinder noch nicht an Fantasiereisen gewöhnt, so bietet es sich an, zunächst einmal kürzere Reisen zu unternehmen, vielleicht nur den Teil, der am Meer stattfindet. Wohltuend ist nach einer solchen Entspannung die Übung »Katze und Schnecke«.

– Bevor die Kinder eine solche Fantasiereise machen, sollten sie bereits in einem entspannten Zustand sein.

– Fantasiereisen können auch in der Bauchlage oder im Sitzen durchgeführt werden (s. dazu »Massage mit Tennisbällen« und »Entspannen auf dem Stuhl«).

– Manche Kinder liegen vom Anfang bis Ende der Reise entspannt am Boden. Andere sind unruhig, bewegen sich, wälzen sich herum. Dadurch sollte sich der Spielleiter nicht irritieren lassen, denn oftmals sind die Kinder trotz der körperlichen Unruhe bei der Sache. Andere Kinder wiederum haben große Schwierigkeiten, sich auf eine solche Reise einzulassen. Auch diesen Kindern sollte die Chance gegeben werden, eine Fantasiereise zu erleben. Vielleicht nehmen sie trotzdem etwas davon für sich mit. Sollten sie jedoch massiv stören oder sich erst gar nicht auf dieses »Abenteuer« einlassen wollen, dann gibt es bestimmt eine Möglichkeit, sie anderweitig zu beschäftigen. Spielleiter und Kinder sollten in diesem Falle vereinbaren, dass die Gruppe während der Entspannung nicht gestört werden darf.

Fantasiereise »Fliegen«

A B E

Was wird geschult?
Einlassen auf Stille, Entspannungsfähigkeit, Vorstellungsfähigkeit, Körperbewusstsein
Klassenstufen: 1 – 6
Material: je Kind eine Unterlage, 1 Klangschale, entspannende Musik
Ort: Sporthalle, Klassenraum, Wiese, Wald

Spielbeschreibung: Die Kinder liegen entspannt auf der Unterlage. (s. »Reise durch das Tor«). Ihre Augen sind geschlossen. Sie bekommen folgende Anweisung: »Stell dir vor, du machst Ferien in den Bergen. Du gehst einen Berg hinauf. Oben angekommen, entdeckst du einen Drachenflieger. Er steht dort allein, als ob er auf dich warten würde. Du stellst dich auf die Rampe, ergreifst die Lenkstange und startest kraftvoll. Plötzlich schwebst du über einem riesigen Tal. Du lässt dich mit dem Wind treiben, schwebst hinauf, drehst Kreise und ziehst deine Bahnen. Du hat das Gefühl, Wind zu sein.
Pause
Du nimmst Berge, Wälder und Felsen wahr. Unter dir siehst du ein Dorf, umgeben von Wiesen und Feldern.
Pause
Alles ist klein wie Spielzeug. Du siehst den Kirchturm, Häuser mit roten Dächern.
Pause
Tiefer schwebend nimmst du die Bewegungen der Autos wahr. Menschen sehen aus wie sich bewegende Punkte.
Pause
Du schwebst tiefer, fliegst an einer Wiese mit braunweißen Kühen vorbei. Jetzt verabschiedest du dich vom Wind, von den Feldern und Wiesen, die du aus der Höhe gesehen hast. Du landest sanft auf einem Stoppelfeld.
Pause
Wenn du die Klangschale hörst, bist du mit deiner Aufmerksamkeit wieder ganz in diesem Raum.«

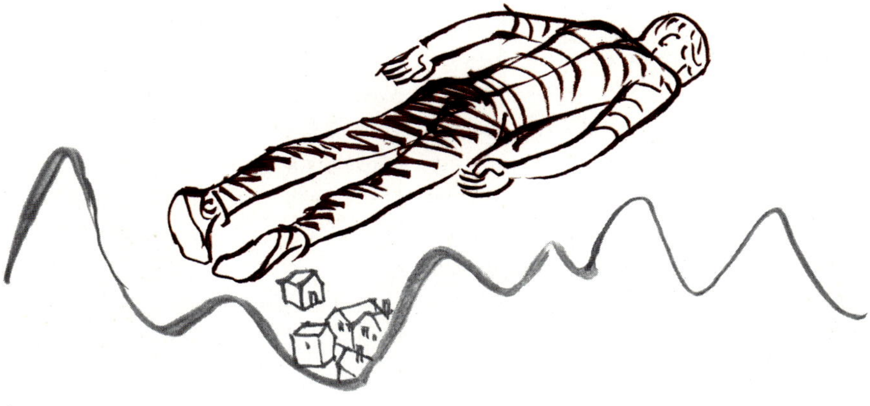

Schnecke im Haus – Schnecke komm heraus

A B E

Was wird geschult? Konzentration, Körperbewusstsein, Entspannungsfähigkeit
Klassenstufen: 1 – 6
Material: je Kind 1 Unterlage
Ort: Sporthalle, Klassenraum, Wiese, Wald

Spielbeschreibung: Die Kinder liegen entspannt auf dem Rücken. Der Spielleiter gibt folgende Anweisung: »Stelle dir vor, du bist eine Schnecke; eine Schnecke mit einem wunderschönen Schneckenhaus. Morgens nach dem Schlafen willst du dich recken und strecken, um wach zu werden. Deine Hände sind dabei deine Fühler. Du streckst Hände und Arme über den Kopf und fühlst mit deinen Fühlern in die Welt hinaus, ganz weit – ganz neugierig darauf, was der Tag wohl bringen wird. Auch deine Füße und Beine strecken sich. Du hast das Gefühl, sie werden lang und länger. Kannst du Arme und Beine noch mehr dehnen? Ja, so ist es gut.
Jetzt wird die lange, schlanke Schnecke wieder kleiner. Du kannst dich dabei auch auf eine Körperseite legen. So geht es noch besser. Dein Bauch ist dabei deine Mitte. Ziehe alle Körperteile, die sooo weit entfernt waren, ganz nah zu deiner Mitte hin – deine Knie, deine Füße, deine Arme, deine Hände, deine Schultern und deinen Kopf. Du bist jetzt so klein, dass du wieder in dein wunderschönes Schneckenhaus passt. Ja, so ist es gut. Wie fühlst du dich so klein in deinem Schneckenhaus?«
Pause – Der Spielleiter wartet die Antworten ab.
»Jetzt verlasse noch einmal dein Schneckenhaus und werde langsam noch einmal lang und dünn. Wie fühlst du dich so groß außerhalb deines Schneckenhauses?« Der Spielleiter wartet erneut die Antworten ab.
»Leg dich nun wieder auf deinen Rücken. Arme und Beine liegen locker und ruhig am Boden. Wenn du über deine Erfahrungen und Gefühle während der Übung sprechen möchtest, so hast du jetzt die Gelegenheit dazu.«
Tipp: Nach dieser Übung haben die Kinder im Allgemeinen genügend Ruhe und Ausdauer, um sich auf weitere Entspannungsübungen einzulassen.

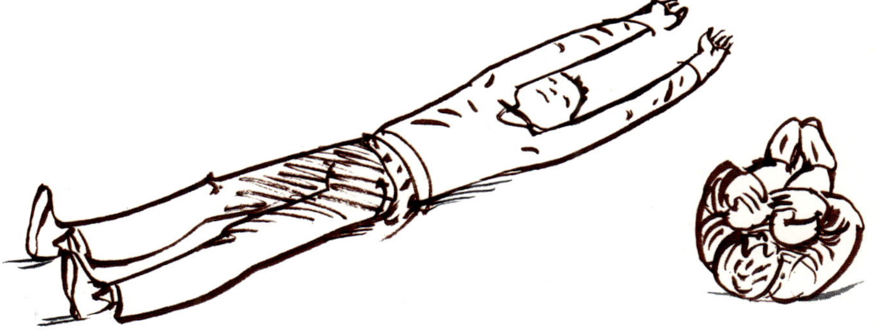

Abschied nehmen

A B E

Was wird geschult?
Einlassen auf Stille, Vertrauen, Sozialkompetenz
Klassenstufen: 1 – 6
Ort: Sporthalle, Klassenraum, Schulhof, Wiese, Wald

Spielbeschreibung: Die Kinder stehen in einem weiten Kreis. Sie fassen sich an den Händen. Dabei greift die rechte Hand von oben, die linke von unten die beiden Nachbarhände. Alle gehen gemeinsam einen Schritt vor und verharren dann kurz im Schlussstand. Auf diese Weise gehen sie weiter, bis die Schultern sich berühren.

Nun werden die Augen geschlossen, um den Energiefluss von einem zum anderen wahrzunehmen. Die Augen werden wieder geöffnet und jetzt geht es Schritt für Schritt rückwärts, dazwischen wird jeweils einen Moment verharrt.

Wenn der Kreis wieder weit geworden ist, werden die Hände gelöst. Jeder dreht sich nach außen, findet seine eigene Blickrichtung. Er stellt sich vor, wohin er nachher gehen wird.

Danach drehen sich alle wieder nach innen. Jeder sieht jedem noch einmal bewusst in die Augen. Zum Schluss verabschieden sich alle voneinander noch einmal mit Handschlag.

Variation: Sind die Kinder schon größer, kann vorab eine weitere Übung gemacht werden. Die Kinder gehen durch den Raum und stellen sich 2 Fragen, die sie sich selbst beantworten: Was lasse ich hier? Was nehme ich mit?

Tipps:

– Manche Kinder haben Schwierigkeiten mit dem Abschiednehmen. Sie sollten mit ihren Gefühlen und Empfindungen ernst genommen und liebevoll getröstet werden. Der Spielleiter kann z. B. durch eine schweigende Umarmung oder eine Berührung den Kindern helfen, ihre Gefühle zuzulassen.

– Dieses Spiel eignet sich besonders am Ende von Freizeiten, am letzten Ferientag oder am Ende der Schulzeit.

Die Namen aller Spiele in alphabetischer Reihenfolge	Seite	in der Halle	im Freien	Klassenraum	**A** Ausagieren	**B** bewusstes Wahrnehmen	**E** Entspannen	Klasse 1 – 2	Klasse 3 – 4	Klasse 5 – 6	ohne Material
1, 2, 3 im Sauseschritt	94	●	●		●			●	◐		●
Abschied nehmen	170	●	●	●		●		◑	●	●	●
Abtreff-Staffel	75	●	●		●			●	●	●	
Achterbahnen	161	●	●	●		●	●	◑	●	●	●
An die Bälle – fertig – Wurf!	45	●			●			●	●		
Anton und die Vampire	24	●	●		●			●	●	◐	
Ameisenhaufen	46	●			●			●	●		
Artistenschule	115	●	●		●	●			●		
Aufstehen	118	●	●			●		●	●	●	●
Augen zu!	141	●	●	●		●		●	●	●	●
Automatische Gliederpuppe	132	●	●	●		●		●	●	●	●
Autorennen	21	●			●			●	●		
Ballon über die Schnur	142	●	●			●		●	●	●	
Bananenboogie	100	●	●		●			◑	●		●
Basketball-Brennball	53	●	●		●				◑	●	
Bäume wechseln	16	●	●		●			●	●	●	
Baumstämme rollen	117	●				●		●	●		
Bergrettungsdienst	19	●			●				●		
Bettlakenfangen	31	●	●		●			●	●	●	
Bierdeckeljongleur	135	●	●	●		●		●	●	●	
Bildhauer	133	●	●	●		●		◑	●	●	●
Bello, Bello, dein Knochen ist weg	139	●		●		●		●	◐		
Blau, Gelb, Rot, Grün	146	●	●			●		●	●	●	
Blinder Fotoapparat	138	●	●	●		●		◑	●	●	●
Boxender Hase	149	●	●	●		●	●	●	●	●	
Brennball	48	●	●		●				●	●	
Brennball mit Torwurf	54	●	●		●				◑	●	
Bring den Ball zum Springen	62	●			●			●	●		
Brückenkegeln	69	●			●			◑	●		
»Burgtor öffne dich«	130	●	●	●		●		●	●	●	●
Das Flummilied	98	●	●		●			◑	●		●
Das Piratspiel	28	●			●				●	●	
Der kleine Vampir	26	●	●		●			●	●	◐	
Der Meeresgott und die Fische	37	●	●		●			●	●		●
Der Riese und die Zwerge	36	●	●		●			●	●		●

Die Namen aller Spiele in alphabetischer Reihenfolge	Seite	in der Halle	im Freien	Klassenraum	**A** Ausagieren	**B** bewusstes Wahrnehmen	**E** Entspannen	Klasse 1 – 2	Klasse 3 – 4	Klasse 5 – 6	ohne Material
Der Schatten	133	●	●	●		●		●			
Die Drachenstadt	34	●	●		●			●	●	●	
Die Duospringer	109	●			●				◑		
Die fünf Geheimnisvollen	42	●	●		●			●	●	●	
Die lebendige Matratze	135	●	●	●		●			●	●	
Die Reise durch das Tor	164	●	●	●			●		●	●	
Die Schmuggler	33	●	●		●				●	●	
Dies ist eine Gabel	134	●	●	●		●			●	●	
Die Stunde, wenn Dracula kommt	24	●	●		●			●	●	●	
Ebbe und Flut	20	●			●			●	●		
Eisenbahn, Eisenbahn	84	●	●		●			●	◐		
Energie für die Erde	150	●	●	●		●	●		●	●	
Energiekreis	150	●	●	●		●	●	●	●	●	
Entspannen auf dem Stuhl	152			●			●	◑	●	●	
Fahrradmantel-Staffel	80	●	●		●				◑	●	
Fangen	23	●	●		●			●	●	●	●
Fantasiereise: Fliegen	168	●	●	●			●	●	●	●	
Fantasiereise: Sommer am Meer	166	●	●	●			●	●	●	●	
Farbentanz	104	●	●		●			●	●	●	
Fauchender Tiger	148	●	●	●		●	●	●	●		
Figuren bilden	112	●	●			●		●	●	◐	●
Fliegende Luftballons	143	●	●			●		●	●	●	
Fliegende Untertasse	78	●	●		●				◑	●	
Flussüberquerung	112	●	●		●			●	●	●	
Fußball mit Käfer, Spinne, Krebs, Hund	44	●			●				●		
Gangsterjagd	38	●	●		●			◑	●	●	
Gassenrollball	66	●			●			●	●		
Geburtstagsfangen	30	●	●		●			●	●	●	
Geburtstagslauf	17	●	●		●				●	●	●
Grimassenlauf	128	●	●		●	●		●	●	●	●
Hagel-Brennball	52	●	●		●				●	●	
Hampelmannmemory	114	●	●	●	●	●		●	●		●
Hier bin ich	110	●	●		●			●	●		
Hilfe, der Wolf kommt!	35	●	●		●			●	●	●	●
Ich kenne einen Cowboy	102	●	●		●			●	●		

Die Namen aller Spiele in alphabetischer Reihenfolge	Seite	in der Halle	im Freien	Klassenraum	**A** Ausagieren	**B** bewusstes Wahrnehmen	**E** Entspannen	Klasse 1 – 2	Klasse 3 – 4	Klasse 5 – 6	ohne Material
Im Zirkus	107	●	●		●	●		●			
Im Zelt am Nil	147	●	●			●		●	●	●	
Jägerball	42	●	●		●				●	●	
Kartons oder Hütchen abtreffen	74	●			●			●	●	●	
Katze und Schnecke	151	●	●	●		●	●	●	●		
Keulenslalom	70	●			●				●		
Kling-Klang-Kugel kling nicht!	152	●	●	●		●		●	●	●	
Knotenmutter	127	●	●	●		●		●	●		●
Koffer auf, Koffer zu	105	●	●		●			●	◐		
Komm aus dem Haus heraus, kleine Maus	30	●	●		●			●	●	●	
Krebs-Fangen	32	●	●		●			●	●	●	●
Kreiskegeln mit Wache	70	●			●			●	●		
Kunststücke mit Luftballons	144	●	●			●		●	●	●	
Kuschelmassage	163	●	●	●		●	●	●	●	●	
»Lauf mit«-Brennball	54	●	●		●				●	●	
Lehmann sagt	137	●	●	●	●	●		●	●	●	●
Leinenprellball	63	●			●				●		
Luftballontanz	104	●			●			●	●	●	
Maibaum aufstellen	118	●				●		◑	●		
Magnete	113	●			●			●	●	◐	
Massage mit Tennisbällen	155	●	●	●		●	●	●	●	●	
Mattenrutschen	122	●			●			◑	●	●	
Mauer-Ball	59	●			●					●	
Nummernspiel	138	●		●		●		●	●	●	●
Pantomimische Post	129	●	●	●		●		●	●	●	●
Pferderennen	131	●	●	●	●	●		●	●		●
Pferd und Reiter	162	●		●		●	●	●	●		●
Pizza backen	153	●		●		●	●	●	●	●	
Prell-Gasse	63	●			●			●	●		
Progressive Muskelentspannung	158	●	●	●			●	●	●	●	
Punkte-Sammelspiel	73	●	●		●			●	●	●	
Puzzle-Hürden-Staffel	21	●	●		●			●	●	●	
Puzzle-Jagd-Staffel als Rundenstaffel	22	●	●		●				◑	●	
Rakete	79	●	●		●				◑	●	
Rapunzel, Eisenhans & Co.	157	●	●	●		●	●	◑	●	●	●

Die Namen aller Spiele in alphabetischer Reihenfolge	Seite	in der Halle	im Freien	Klassenraum	**A** Ausagieren	**B** bewusstes Wahrnehmen	**E** Entspannen	Klasse 1 – 2	Klasse 3 – 4	Klasse 5 – 6	ohne Material
Regenwurm	111	●			●	●		●			
Reicher Mann	137	●	●	●		●		●	●		
Reifen-Lasso	79	●	●		●				◑	●	
Reifen-Rennen	73	●	●		●				●	●	
Reifen treffen	76	●	●		●			●	●	●	
Reise zu den Planeten	105	●	●		●			●	●		
Rettungsball	34	●	●		●			●	●		
Ritsch,-ratsch,-rumdibum	88	●	●		●			●			●
Roboterspiel	126	●		●		●		●	●	●	
Rollball	68	●	●		●				●	●	
Sanitäter-Ball	60	●			●				●	●	
Sau-Trieb	44	●	●		●				●	●	
Schiffe im Nebel	141	●	●	●		●		●	●	●	
Schlangenbeschwörer	107	●			●			●	●		
Schleudersitz	145	●	●			●		●	●	●	
Schmetterlinge befreien	47	●	●		●				◑	●	
Schnecke im Haus – Schnecke komm heraus	169	●	●	●		●	●	●	●	●	
Schwammstatuen	110	●				●		●	●	◐	
Schweben	119	●				●		●	●		
Schweifball-Weitwurf als Partnerspiel	72	●	●		●			●	●	●	
Schweinebrennball	50	●	●		●				●	●	
Seilspringen	108	●	●		●			◑	●		
Slalomball	67	●			●			●	●		
Spiegelbild	130	●	●	●		●		●			
Spiegellied	87	●	●		●			●			●
Spinnenhaar Dracula	154	●	●	●		●	●	●	●	●	●
Sprechende Füße	128	●	●	●		●		●	●	●	●
Stehaufmännchen	121	●	●			●			◑		●
Stehball	43	●	●		●				●	●	
Stern	136	●				●		◑	●	●	
Sternlauf	18	●			●			●	●		
Straßenverkehr	16	●	●		●			●	●	●	●
Tag – Nacht	36	●	●		●			◑	●	●	
Tanz der Schneekristalle	107	●	●			●		●	●		
Tanz mit Hut	103	●	●		●			●	●		

Die Namen aller Spiele in alphabetischer Reihenfolge	Seite	in der Halle	im Freien	Klassenraum	**A** Ausagieren	**B** bewusstes Wahrnehmen	**E** Entspannen	Klasse 1 – 2	Klasse 3 – 4	Klasse 5 – 6	ohne Material
Tanz mit Papierbällen	103	●	●			●		●	◐		
Tausendfüßler	111	●			●	●		●	●		●
Tier, Pflanze, Obst	106	●	●		●			●	◐		
Tiger im Dschungel	113	●	●		●	●		●	●		
Trefft den Tiger!	42	●	●		●			◑	●	●	
Turnlehrer gesucht	114	●	●	●	●	●		●	●	●	●
Turnschuhräuber	136	●				●		●	●		
Tunnelbauer	65	●			●			◑	●		
U gonni gonni	91	●	●		●				●		
Uhrpendel	120	●	●			●			●		
Uhrzeiger	116	●			●	●		●	●		
Uhu-Lied	86	●	●		●			●	●		
Wandernder Luftballon	142	●	●	●		●		●	●	●	
Warme Decke	162	●		●		●	●	●	●	◐	
Wie lange springt der Ball?	62	●			●			●	●		
Wie spät ist es, Herr Fuchs?	35	●	●		●			●	●		●
Wildes Pferd	149	●	●	●		●	●	●	●	●	
Wir wachen auf	140	●		●		●		●	◐		
Wenn der Elefant in die Disco geht	92	●	●		●			◑	●		●
Wenn du fröhlich bist	96	●	●		●			◑	●		
Wer tanzt uns etwas vor?	90	●	●		●			●			●
Wettprellball	64	●			●			●	●		
Zauberkugel	161	●	●	●		●	●	●	●	●	●
Zaubertrank mit Sahnehäubchen	156	●	●	●		●	●	●	●	●	●
Zieharmonikalauf	18	●	●		●				●	●	
Zischende Schlange	149	●	●	●		●	●	●	●	●	
Zöpfe flechten	132	●	●	●		●		◑	●		
Zublinzeln	128	●	●	●		●		●	●	●	●
Zweier-Brennball	50	●	●		●				●	●	
Zweifelderball oder Völkerball	56	●	●		●				●	●	
Zweifelderball oder Völkerball »verkehrt«	58	●	●		●				●	●	

Literaturverzeichnis: Alexander, Gerda: Eutonie – Ein Weg zur körperlichen Selbsterfahrung. Kösel Verlag, München 1980 | BAGUV (Hrsg.): Sicherheit im Gerätturnen, Richard Pflaum Verlag, München 1982 | Behrendt, Wilfried u.a. (Hrsg.): Musikus 1/2. Volk und Wissen Verlag, Berlin 1994 | Deutsche Sportjugend (Hrsg.): Zeitschrift: Olympische Jugend. Limpert Verlag, Frankfurt am Main | Döbler, E. u. H.: Kleine Spiele, Volk und Wissen Verlag, Berlin 1980 | Eggert, Dietrich: Theorie und Praxis der psychomotorischen Förderung. borgmann publ. ^{2}1995 | Fallak, Wolfgang: Förderung der Sozialkompetenz durch psychomotorische Übungen (Fortbildung), Olpe | Flemming, Irene/ Jürgen Fritz: Kooperationsspiele. Matthias-Grünewald-Verlag, Mainz 1995 | Floh Praxisheft: Sinn-Salabim. Domino Verlag, München 1995 | Floh's Ideenkiste Nr. 6, u. Nr. 9, Domino Verlag, München 3, 12/1995 | Frey, G. u.a.: Laufen, Springen, Werfen. Rowohlt, Reinbek b. Hamburg 1984 | Haupt, U. u.a.: Praxis des Sportunterrichts in der Grundschule. Oldenbourg, München 1987 | Hielscher, Hans (Hrsg.): Sozialerziehung konkret. Band 1, Praxishandbuch. Hermann Schroedel Verlag, Hannover ^{2}1978 | Hoffmann: Klaus W.: Wenn der Elefant in die Disco geht. Ravensburger Buchverlag, Ravensburg ^{1}1983 | Holzmeister, G. u. J. (Hrsg.): Die Maultrommel. Fidula-Verlag, Boppard/Rhein und Salzburg 1977 | Katzenbogner, H./Medler, M.: Spielleichtathletik, Teil 1: Laufen und Werfen. C. Medler Verlag, Neumünster 1993 | Kerkmann, Klaus: Schriftenreihe zur Praxis der Leibeserziehung und des Sports, Band 35. Hofmann Verlag, Schorndorf 1990 | Ketelhut, Reinhard: Spiele für Sport und Freizeit. Verlag Weimann, Berlin ^{3}1983 | Kleikamp, L./ Jöcker, D.: 1, 2, 3 im Sauseschritt. Menschenkinder Verlag, Münster ^{1}1986 | Kleikamp, L./ Jöcker, D.: Und weiter geht's im Sauseschritt. Menschenkinder Verlag, Münster ^{1}1987 | Klöppel, R./Vliex, S.: Helfen durch Rhythmik. Herder, Freiburg, 1992 | Lehnert/Lachmann: Sport und Spiel mit kleinen Leuten. Sportverlag Berlin 1990 | Lang, Heinz: Spielen, Spiele, Spiel. Hofmann Verlag, Schorndorf 1992 | Lemmerer, Irmgard: »Leichtathletiktraining« 5, Philipka-Verlag, Münster 1996 | Le Fevre, Dale: Das kleine Buch der neuen Spiele. Verlag an der Ruhr, Mülheim/Ruhr 1991 | Löschner, Arndt: Kleine Spiele für viele. Sportverlag Berlin ^{6}1989 | Medler, M.: Das Puzzle als »Verpackung« in der Kinderleichtathletik, in »Leichtathletiktraining« 1/2, Philipka-Verlag, Münster 1995 | Michaelis, Bill: Kreatives Bewegen. Ettlinger Verlag, Ettling 1995 | Mortzield, Alwin (Hrsg.): Das Spiel im Sport. Verlag Manz & Lange, Bremen 1950 | Müller, Bernd: Fangspiele. borgmann publ., Dortmund 1995 | Müller, Bernd: Alte und neue kleine Ballspiele Bd. 1 u. 2. BIL, Berlin 1996 | NOK für Deutschland (Hrsg.): Mach mit bei der Schülerolympiade. Frankfurt am Main, 1996 | Pirnay, Lutz: Kindgemäße Entspannung. Eigenverlag, Lichtenbusch/Belgien 1993 | Portmann, R./ Schneider, E.: Spiele zur Entspannung und Konzentration, Don Bosco Verlag, München 1990 | Senat für Schule und Sport (Hrsg.): Vorläufiger Rahmenplan für Unterricht und Erziehung in der Berliner Schule, Fach Sport, Berlin 1993 | Vogel, H. / Unterumsberger, A. (Hrsg.): Mein Liederkästchen. Volk und Wissen Verlag, Berlin 1993 | Vopel, Klaus: Kinder ohne Stress Bd. 1: Bewegung im Schneckentempo. iskopress, Salzhausen ^{4}1997 | Walter, Manfred: Spiel und Sport an jedem Ort, C. Walter Verlag, 1991 | Zimmer, Renate: Kreative Bewegungsspiele. Herder Verlag, Freiburg i. Br. 1992 | Zimmer, R./Cicurs, H.: Psychomotorik Bd. 190, Hofmann Verlag, Schorndorf 1995 | Zwiefka, H.-J.: Pantomime, Ausdruck, Bewegung. Moers 1987 | Zeuch, Christa: Lisa, Lolle, Lachmusik. © Arena Verlag, Würzburg 1987.
Da es uns leider trotz intensiver Bemühungen nicht möglich war, alle Rechteinhaber zu ermitteln, bitten wir, sich gegebenenfalls an den Verlag zu wenden.

Der Inhalt des Werkes folgt der reformierten Rechtschreibung und Zeichensetzung.

ISBN 3-06-166701-6

1. Auflage | © Volk und Wissen Verlag GmbH und Co., Berlin 1998 | Printed in Germany | Redaktion: Susanne Lisner | Einbandfoto: Volker Döring | Illustrationen: Sigrun Pfitzenreuter | Layout: Marina Goldberg | Notensatz: prima nota | Herstellung und Einbandgestaltung: Jürgen Brinckmann | Druck und Binden: Offizin Andersen Nexö, Leipzig